自分の才能の見つけ方

才能は、あなたの感情に隠されている

ポケット版

本田 健
Ken Honda

フォレスト出版

はじめに――「ポケット版」刊行によせて

この本を手に取ってくださって、ありがとうございます。

この本は、２０１３年8月に刊行したベストセラー『自分の才能の見つけ方』を、読者の皆さんからの要望に応えて、加筆やワークなどを新たに盛り込んで、ポケット版としてまとめたものです。

「自分の才能が見つけられたら、人生楽しくなるんだろうなぁ」

この本を手に取ったとき、あなたはそう考えたかもしれません。

「その直感は、正しい」ことを私が保証します。

まさに20年前に私が同じことを考えていたからです。そこから、何度もくじけ

そうになりながら、紆余曲折を経て、自分の才能を見つけることができました。

今では、自分の好きなことをやって、充実した毎日を送っています。自分のライフワークを楽しみ、いろんな分野で活躍している人たちとの友情を育み、時間やお金を自由に使える状態になりました。

「才能をどう見つけるか」が、この本のテーマです。

才能とは何か、才能の副作用、ダークサイド、ネガティブな感情を使って才能を見つける方法など、あまり聞いたことがない内容がいっぱい詰まっています。

才能は、この20年、あらゆる角度から研究してきました。どうやって見つければいいのか、それをどうかたちにしていくのかを自分の人生で試してみました。そういう試行錯誤の中からうまくいった方法、さらには、何万人もの人生に役立ってきたノウハウをこの一冊にまとめてみました。

本書では、才能をいろんな側面から見ていきますので、きっとあなたにも自分の才能が、最初はぼんやりと、途中からは、はっきりと見えてくると思います。

あなたが今、直感的に感じているように、才能を使えるようになると、人生が変わっていきます。毎日の心の状態はもちろん、社会的な活躍度、幸せ感、付き

合う人たちまでが、まったく違うものになっていきます。

自分の過去20年を振り返ってみても、昔と全然違う人生になったなぁとつくづく感じます。

時々、20代の頃の夢を見ますが、ハッと夢から覚め、今の生活のすばらしさに改めて感謝の気持ちが湧くことがあります。

20代の頃の私は、会計とコンサルティングの仕事をやっていながらも、何かが違うと思っていました。そして、大学院に行くか、留学するか、別の仕事をするか、真剣に悩み、どうしたいのかがさっぱりわからなくなってしまいました。たとえて言うと、人生の方位磁石が狂ってしまったような状態だったと思います。

外から見たら決して悪い人生ではなかったかもしれませんが、そのことが余計に私を苦しめました。もっと幸せに感じていいはずだと思いながら、全然そうではなかったからです。

この本を手に取られたあなたも、同じような状況にいるかもしれません。

「才能が見つかったら、人生がおもしろくなりそう」という考えと、「自分の才

能を探すなんて、無理だ。変な夢を見ないほうがいい」という考えの間で揺れているかもしれません。今の人生もそこまで悪くないから、難しいことを考えないで、今のまま行ったほうがいいという理性的な声も聞こえてくるでしょう。

それも、そんなに悪くはない人生かもしれません。もちろん、これまでの生き方をそのまま続けても、そこそこの幸せは得られるでしょう。

でも、あなたの中で「何かが違う」という小さな声がするなら、その声をぜひ聞いてもらいたいのです。

その声は、絶対にあなたを裏切りません。

あなたの中には、すばらしい才能がいっぱいあります。しかし、多くは、自分でもまだその存在に気づいていない才能です。自分の才能がはっきりしてきたら、きっとまずあなた自身がびっくりすると思います。

先ほどの話に戻りますが、自分らしく生きたいと思ってから、私の自分の才能を見つける旅は始まりました。

でも、まわりの人に相談しても、すごい人ほど、「大丈夫、大丈夫。なんとか

なるよ」と、のん気なことを言います。結果的に彼らの言うとおりでしたが、焦っていた私は、それどころではありませんでした。自分の中に、何らかの才能があるとは思うけれど、それが何かわからない……。そのもどかしさと、ひたひたと押し寄せてくる絶望感にさいなまれていました。そんなわけで、当時の私には、希望が見えませんでした。

人生で迷ったら、私は人に会うか、本にその答えを求めるようにしてきました。そして、生き方に関する本、哲学書、ビジネス書を片っ端から読みました。

経営コンサルティングの神様、船井幸雄さんにお会いしたのもその頃です。「私は会計をやっているのですが、どうも違う感じがします。何をやればいいのでしょうか？」と質問しました。

今から考えると、あまりにも漠然とした、しかも依存的な質問をしてしまったと、思い出すだけで顔から火が出るような気分になります。もちろん、当時の私に余裕はありません。ともかく必死だったからです。

船井さんは、にっこり笑って、「ワクワクすることをやったらいいよ」とだけ言われました。私は、「?.?.?.?.?」となりましたが、後ろに並んだ名刺交換の長い列の人たちに押し出されて、握手だけしてもらって、その場を離れました。

それから、1年後。これも船井さんの本に書かれていた「バシャール」という宇宙存在の講演会があると聞いて出かけていきました。運良く、質問タイムに同じ質問を投げかけました。すると、答えは、「ワクワクすることをやりなさい」。そして、次の質問者に移りました。またもや、「?・?・?・?・?」。

そこから、私の本当の自分探しの旅が始まったのです。

ワクワクを探そうと思っても、ワクワクすることがないのだから、見つかるはずがありません。正直、途方に暮れました。なにしろ、行き先がわからないのですから。

私の自分の才能を見つける旅は、簡単ではありませんでした。なぜなら、「自分には何かありそうだ」というドキドキ感と、「自分には何もない」という絶望感の間を行き来する毎日になったからです。

何度もあきらめかけましたが、なんとか数年の間に、私は自分の才能らしきものを見つけることができました。

そして、試行錯誤の後、心からワクワクする生き方を見つけました。そのあたりのプロセスについてはこれまでの著書に書いてきましたが、今の妻をはじめ多くの人に支えられて、今があると思います。

本書では、そんな自分の体験から、どんな人でも才能が見つけられるように、いろんな角度から「才能」について説明しています。

きっとあなたの才能も、そう遠くない将来、見つかることでしょう。

前作『大好きなことをやって生きよう！』でもお話ししましたが、大好きなことをやるのに必要なのは、お金でもなく、人脈でも、才能でもありません。

そういったものは、旅するうちに手に入るアイテムです。

今のあなたに必要なのは、たった1つだけ。

それは、「好奇心」です。

自分が才能を見つけたら、どうなるのかな？

自分の未来に対して好奇心が湧いたとしたら、あなたはこの本を読むのにぴったりの人です。

さぁ、これから一緒に、人生最大の冒険に出かけましょう。

自分の才能の見つけ方 ポケット版

目次

第1章

あなたの才能は、どこに消えた？

第2章

才能とは何か？

目次

第3章

あなたの運命を決める「才能の原型」とは？

第4章 ネガティブな感情を使って才能を見つける方法

第5章

才能のダークサイド

第6章

あなたの才能の育て方

装幀◎河南祐介（FANTAGRAPH）
本文＆図版デザイン◎二神さやか
ＤＴＰ◎株式会社キャップス

第1章

あなたの才能は、どこに消えた？

何かを捨てないと、
前へは進めない。

――スティーブ・ジョブズ

あなたはもっと、楽しく生きられる

あなたの人生が、今どのような状態であっても、もっと楽しく生きることができます。そのためには、自分が何をやればワクワクするのか、人に喜ばれるのか、感謝されたり、お金をもらえるのかを調べていく必要があります。

「自分の才能が何か」がわかれば、あなたの人生は、劇的に変わります。今までと違って、退屈な毎日は吹き飛んでしまいます。クリエイティブな人たちと付き合い、やりたいプロジェクトが次々とやってきて、夜寝る前には、次の日が待ち遠しくなるでしょう。

「そんなの、自分には無理だ」とあなたは思ったかもしれません。でも、それは、あなたが自分のことをよく知らなかったり、世間を誤解していたせいだとしたら？　私はこれまで何千人もの相談に乗ってきましたが、彼らの多くが普通の状態からスタートして、今は自分の才能を生かして人生をエンジョイできるようにまでなっています。彼らに何が起きたのか、それがこの本のメインテーマです。

あなたは「才能を持っていること」に気づいていないだけ

私たちのほとんどが、「自分にはたいして才能がない」と思って生活しています。そして、本当はもっとおもしろい生活ができるのに、潜在的な力をほとんど発揮しないいまま、ありきたりの生活を送っています。

なぜなら、「誇れるような才能もないし、活躍できるはずがない」と信じているからです。それは、「才能は天才だけのものだ」という思い込みからきています。

たとえば、野球やサッカーのプロ選手になるとか、歌手になるなど、特殊なものが才能だと思い込んでいます。こうした1つだけずば抜けた才能を持っている人は、実はとても少なく、単一の才能だけで勝負できる人は、人口の0・01%ぐらいしかいません。

彼らは、いわゆる「天才」といわれる人たちです。日本での野球のプレー人口は700万人とも言われていますが、プロ野球選手は1000人ほどしかいません。その数字が割合としてどれだけ少ないかわかるでしょう。野球関連で生活している人はその10倍はいるかもしれませんが、それでも少数です。

このようなことから、多くの人が、「天才的な才能がない自分には、楽しく生きるなんて無理だ」と勝手に思い込んでいますが、それは、とてももったいない誤解です。

では、ごく普通の人には、どんな才能があって、どう使えばいいのでしょうか？

すべての人が、複数の才能をユニークな組み合わせで持っています。それを上手に生かして、使えばいいのです。そして、それは決して難しくありません。

たとえば、パーティーの2次会を仕切る才能、人前で上手に話す才能、料理をつくる才能、整理整頓をする才能だったりします。

これだと、ぐっと敷居が下がりましたね。

でも、そういった才能は、それだけでは「社会的評価はほぼゼロ」かもしれません。

たとえば、「あの人はおもしろいね」とか、「君がいると、宴会が盛り上がるよ」「あの子がいると空気が和む」「机がきれいで気持ちいい」というプラスの評価にはなるのですが、それがボーナスに跳ね返ることは、おそらくないでしょう。それは、「スマイル0円」と同じようなものです。

しかし、本来持っているあなたの才能が、現時点でそれだけでは経済的に価値がないからといって、あなたに才能がないわけではありません。

「経済的な価値がないから、自分の才能はゼロ。だから、自分の好きなことをやって生きていけない」と短絡的に考えてしまうのは、もったいないことです。

誰もが野球選手や歌手になれるわけではありませんが、才能を使って自分らしく生きている人たちは何百万人もいます。これだと、何十人かに1人の確率になってきます。楽しく豊かに生きるためには、世界的な天才である必要はないのです。

彼らは、たとえば、パーティー好きの普通のおじさんかもしれません。でも、保険の世界ではトップ1%に入る業績を誇る、凄腕のセールスパーソンだったりします。といっても、セールス能力が高いわけではなく、パーティーをして人を惹きつける才能、親身に相談に乗ってあげる才能、人に好かれる才能を生かしているだけで、ほとんど営業らしい営業もせずに、何千万円もの収入を得ていたりするのです。日常的にやっているのは、友人たちとのバス旅行やパワースポット巡り、テニスやバーベキュー大会を企画することです。人生を心から楽しんでいる彼の人柄に惹かれて、お客さんが次から次に紹介でやってくるのです。

これだと、天才的な才能は必要ありません。ありきたりの才能がかけ算されているだけで、それぐらいの才能を持っている人はたくさんいるのではないでしょうか。

彼らは、テレビに出たり、雑誌に特集されるような有名人でもありませんが、心から人生を楽しんでいて、才能をフルに使って生きている実感もあります。外見も、知能指数も、経歴も、それほどすごいわけではありませんが、普通とは全然違う人生を生きているのです。

なぜ今まで才能を見つけられなかったのか？

そんな自分の才能を使って活躍している人たちが、どういう経緯でそうなったのか、気になるところでしょう。

彼らの大半がごく普通の状態から、社会人生活を始めています。もともと親がお金持ちだった人は、あまり問題意識がないのでのんびり屋さんが多く、才能を輝かせている人は少数派です。それと同じように、才能がある人の子供も、意外と才能を発揮できていないことがあります。それは、親が才能にあふれている分だけ、比べたときに自分には才能がないと落ち込むからではないかと思います。

今、大好きなことをやって幸せに生きている人たちのほとんどが、一代で自分の才能を発見して、今の人生を手に入れています。

でも、あなたがまだ、自分の才能を発揮して理想の人生を生きてないからといって、落ち込む必要はありません。

あなたがこれまで自分の才能を見つけられなかったのには、理由があります。

それは、「探してきた場所が悪かった」ことと「見つけ方が間違っていた」ことです。

この本では、才能に対する誤解を解き、「才能とは何か」を説き明かしながら、「才能のいろんな形、見つけ方」についてお話ししていきます。

才能を使う人生、使わない人生

才能を使わない人生は、たとえばこんな感じです。

「高校や大学を出て、なんとなく縁のあった会社に入社。その会社でたまたま与えられた仕事をやって、それをこなしていくだけ」

あるいは、「親が始めた商売をなんとなく継いで、今に至る。本当にやりたかったわけではないけれど、勤めるのもイヤだったので、退屈を感じながらも、そこそこ暮らしていけるだけの収入がある状態」

そんな多くの人たちが正しいと思っている生き方を選ぶと、適度な「安定」が手に入るものの、もれなく「不満」がセットでついてきます。

ワクワクする生き方ではありませんが、不安は少ないでしょう。人に言われたとおりにやる敷かれたレールを走る人生は、安定を求めるがゆえに、ワクワク感が減ってしまうのは仕方ありません。

安定した仕事をやっている限り、与えられたものを適度にこなし、失敗してはへこみ、うまくいってはちょっと喜ぶという、ふれ幅の小さい毎日が続きます。

喜びも少ない代わりに、落ち込みも少ないという生活です。

経済的にも、社会的にも、感情的にも安定した生活――。

これが、多くの人が良いと思っている人生です。

もしあなたが今、そのように生きているとしたら、人生の岐路で、人生を左右することをなんとなく決めてきてしまったのではないでしょうか？

お父さんやお母さんが「その選択が良い」と勧めた。あるいは、学校の先輩や友人たちがそうだった。そんなことを見聞きして、知らないうちにあなたも同じ選択をしたのかもしれません。

一方、才能を使って生きている人の人生はこんな感じです。

まず朝は、「さあ、今日はどんなワクワクすることをしようかな？」と考えながら楽しく始まります。自分にしかできない仕事があって、それをできる喜びを噛みしめて、1日がスタートするのです。

アップルの創業者であるスティーブ・ジョブズも、朝目覚めた瞬間からワクワクして1日を始めたそうです。ある講演の中で、「今日も、世界で最もクリエイティブな人たちと最高レベルの仕事ができると思うとワクワクする」と語っていました。

才能を使って生きている人は、普通の人に比べて、よりクリエイティブに生きている人、より才能のある人と仕事ができるという特典を手にしています。

才能を使って生きているので、当然、同じような才能レベルの人たちと一緒に仕事をすることになります。そういう仲間と一緒に仕事ができることが、最高の贅沢だという感覚で1日を過ごすわけです。

また、彼らは、自分を高めるための投資を自由にできるだけの経済力を持っています。自分のアトリエ、オフィス、スタジオ、書斎、キッチン、別荘を所有して、自分の才能が最大限発揮できる環境を整えています。だから、ますます才能に磨きがかかっていくのです。

才能をつぶす3つの言葉

才能を開花させることを自分の人生のテーマにしてから、たくさんの才能が見過ごされている事実が目につくようになりました。

本当は才能にあふれているのに、ほとんどの人が自分の可能性に気づかずに一生を終えていきます。ある時点で才能が開きかけても、本人やまわりが無知なために見過ごされてしまいます。

どんなことを言われて、才能がつぶされていくのか、いくつか例を見ていくことにしましょう。

①世間では通用しない

多くの子供たちは、小さい頃に「勉強しなさい」と言われます。でも、私が見たところ、医者、設計士、エンジニアなどの職業を除けば、難しい数学が仕事に必要な人は少数です。

アメリカのある少年は、教室の人気者で、冗談を言ったり、先生をちゃかしたりして、笑いを取っていました。彼にとっては、つまらない勉強をやるより、同級生を笑わせることのほうが大事だったのです。

あるとき、先生は怒って、「あなた、人を笑わせて生きていけると思っているの。大人になったら困るわよ。ちゃんと勉強しなさい」と言いました。

20年後、彼は、アメリカで最も有名なコメディアン、司会者になりました。文字どおり人を笑わせて、大金をもらっています。

もし彼が先生の言うことを聞いて、勉強ばかりする少年になっていたら、その才能は開花しなかったでしょう。

今度、「世間では通用しないよ」という言葉を聞いたら、「そんなつまらない世間に、自分は属さないことにする」と考えてみましょう。

②経済的に成り立たない

せっかく才能があっても、「お金にならないからダメだ」と考える人がたくさんいます。ちょっとぐらい絵を描けても、歌を歌えても、文章を書けても意味がないと考えます。

けれども、どんな大作家も世界的な画家もミュージシャンも、自信のないところから始めているのです。駆け出しの頃は、お金にもなっていません。

また、それ自体はお金にならないことでも、その趣味のおかげで本業がうまくいくことはよくあります。

「今、お金にならないから」といってやめてしまうのは、本当にもったいないことです。やっているうちにファンができて、うまくいくこともあります。最初にお金にならないからといって、やめないことです。

③おまえにはどうせ無理

この言葉も、才能をつぶしてしまうパワーを持っています。なんの根拠もないのに、放たれるこういう種類の言葉には、その人の未来の可能性を奪ってしまう力があります。先生、両親、友人、パートナーからこの種の言葉がきたら、断固として受け取りを拒否するといいでしょう。

たとえ専門家と称する人が語ったとしても、信じる必要はまったくありません。音楽、ビジネス、スポーツの各専門家に、「絶対無理だね」と言われたにもかかわらず、成功している人はたくさんいます。

それどころか、いろんな分野で活躍している人たちの大多数が、この言葉をどこかの時点で聞いています。人によっては、何千回も聞いてきたはずです。弱気なときには、あなたも自分自身に対して何百回も言ってきたかもしれません。

今才能を発揮できている人は、それでもあきらめなかったのです。もし、才能を開花させる条件があるとしたら、それは「あきらめない」ということかもしれません。

才能を使って生きている人は特別か？

あなたは、「才能を使って生きるなんて、特別なケースじゃないか」と考えているかもしれません。才能を使って生きている人はまだ少数なので、稀なケースでしょうが、そこまで特別でもありません。少なくとも、彼らはいわゆる天才と言われるような人たちではありません。先ほどもお話ししたように、見た目も雰囲気も、普通の人たちです。

少し違っているのは、彼らが「自分の得意分野で勝負している」ことです。自分が心から楽しめること、上手にできることをやっているので、普通の人が感じているようなストレスは、ほとんどないのです。

今は才能を使って生きている人たちも、子供の頃から才能を発揮してきたわけでなく、大人になったある時点から徐々に才能が開花しています。

たとえば、職場で配置転換になったり、転職したり、あるいは、誰かと出会ったり、本を読んだり、そういったちょっとしたことがきっかけで、人生が少しずつ変わってきているのです。その過程で自分の才能を見つけ、独自のライフスタイルを確立して今に至っています。

才能を「使う人生」と「使わない人生」の最大の違い

才能を使って生きている人、そうでない人の最大の違いは、「自分の人生を楽しんでいるかどうか」です。

才能を使って生きている人は、自分の人生を心から楽しんでいます。好きなことをやって、まわりの人から感謝されながら生きているのだから、基本的にハッピーに生きられるのです。

だから、「これから何をやったら、もっと楽しいだろうか」「もっと人に喜ばれることって、何だろう?」と思って、ワクワクしていられるのです。これから自分の才能がどのような形でさらに開花していくのかが、自分のことながら楽しみで仕方がありません。

一方で、才能を使って生きていない人は、「自分の人生はこんなもんだ」と、ある意味、あきらめて過ごしています。自分に対しても、自分の未来に対しても、あまりワクワクすることはありません。

才能を使って生きていない人は、人生で起きることの多くをネガティブにとらえてしまいます。たとえば、会社で左遷されたり、違う部署に回されたら、「俺はもうダメかも」と落ち込んでしまいます。

才能を使って生きている人は、同じ出来事があったとしても、「まったく新しいことができるなんて、おもしろそうだなぁ。自分はラッキーだ」と自然に考えます。そして、実際にその出来事が、後の人生のおもしろい展開をつくっていくのです。

つまり、才能を使っている人は、すべてが積み上がっていくように生きています。すると、どんなことが起きても、決して何もムダにならない人生になります。

一方、才能を使っていない人は、いつも失敗するんじゃないかと不安と恐れでいっぱいの人生を生きています。「どうせ悪いことが起きて、困ったことになるのではないか」とビクビクしてしまうのです。

たとえうまくいったとしても、「せいぜいこんなものだろう」という思いがあるため、全然それが楽しめません。

才能に対する7つの誤解

才能は誰でも持っているものですが、「自分には才能がないと思い込んでいる人」はたくさんいます。この誤解をクリアにしないことには、いくら一生懸命探しても才能は見つかりません。物を探すときに、どういうものかがわかっていないと探せないのと同じです。

笑い話にこんなものがあります。ある人が、暗い道で一生懸命何かを探している人に出会います。その人に声を掛けてみると、鍵をなくしたと言います。そこで、「お手伝いしましょうか。どんなものを探しているんですか？」と聞くと、その人はこう答えました。「人生の鍵をずっと探しているんですけど、僕自身どういう形をしているのか、さっぱりわからないんです」

これでは、どれだけ探しても見つからないのは当然です。

なぜなら、才能は「目に見えないもの」であると同時に、「感じるもの」だからです。

たとえば、愛を探している人が、愛とはどういうものかがわからなかったら探せないのと同じことです。

「才能とは何か」を理解する上で、まず才能に関する誤解を解いていくことが先です。いろんな誤解がありますが、ここでは大きく7つに分けて見ていきましょう。

①才能は、天才のみに与えられる

1つ目は、「才能はごく一部の特殊な天才に与えられるものだ」ということです。野球のイチロー選手のように、才能は最初から特別な人だけに与えられているものという誤解です。

才能は誰もが持っていますが、たいてい自分ではそれが何かわかりません。才能の掘り出し方、磨き方を皆知らないので、自分にはないと思い込んでいるだけです。

才能は、私たち全員に与えられています。人によっては、わかりやすい才能をもらっていますが、別の人は、すぐにはわかりにくい才能を与えられています。その自分独自の才能を探して磨いていくのが、人生の楽しみでもあります。

②才能は、職業である

2つ目は、才能をすぐに職業に結びつけて考えてしまうことです。1つの才能を使うだけで仕事になる職種は限られています。歌手とか、スポーツ選手とか、作家のように、その才能だけで勝負する生き方は、やや特殊といえます。

「すぐ仕事にならないんだったら、才能ではない」と考えると、せっかくの可能性が閉じてしまいます。歌う才能だけでは一流になれない人も、エンターティナー、プロデューサーの才能があれば、音楽プロデューサーとして一流になれるのです。

才能を上手に組み合わせていけば、その人にしかできない楽しい人生が送れます。せっかく才能らしきものが見つかっても、すぐに生かせる職業がないために、たいした才能ではないと思ってしまうのは、もったいないことです。

③お金に換えられないものは才能ではない

3つ目は、ビジネス志向の人によく見られる考え方です。お金に換えられないものは意味がないと思っているので、せっかく自分の才能らしきものを見つけても、ゼロ評価してしまうのです。

たとえば、「人に親切にする」とか、「物を修理する」とか、「パーティーで盛り上がるのが好きだ」というのも素敵な才能ですが、それだけではすぐお金にはなりません。

けれども、セールスマンで、「すごく親切にしてくれたから」というのが決め手になって、買ってもらえたということもあります。その才能が単体でキャッシュに換えられなくても、価値がないわけではないことを知っておいたほうがいいでしょう。

④才能は遺伝する

4つ目は、才能は遺伝する、という考え方です。

たとえば、「両親はごく普通でたいした才能もないので、自分にも才能があるとは思えません」と言う人がいます。

でも、親に才能がないからといって、あなたに才能がないとは限りません。逆に、親に才能があるからといって、子供に才能があると決まっているわけでもありません。親と子供はあまり関係がないケースのほうが多いのです。

親が物づくりの才能があるとしても、あなたには、人前で話す才能が与えられているかもしれません。親が医者などの人を癒す才能を持っていても、あなたは音楽の才能を持っているかもしれません。そうやって、親とは違う才能があなたに与えられている可能性は大きいのです。

歌舞伎の世界、スポーツの世界には、親子で活躍している人もいますが、それは肉体的な遺伝的要素に加えて、英才教育や練習環境のためだと私は考えます。

⑤才能は、飽きっぽい性格の人には見つからない

5つ目は、才能は飽きっぽいと見つからないという誤解です。

よく「私は何をやってもすぐに飽きてしまうので、なかなか好きなことが見つからないんです」と言う人がいます。たしかに、1つのことをコツコツと努力できる人が、才能を開花させられる人だというイメージはあるかもしれません。

たとえば、一流になるためには「ピアノを毎日8時間弾かなくてはいけない」とか、「徹夜でパンをつくった」などといった話を聞くにつれ、自分にはそんな根性はない、飽きっぽいからダメだと思っている人がいます。

私の例ですが、私は昔から気が多すぎて、なかなか1つのものに集中できないタイプでした。どれもものにできず、自分がダメな人間だと思っていました。

でも、文章を書くこと、講演をすることなど今のライフワークを見つけて、

「自分が飽きっぽくない」ことに気づきました。それだけでもうれしいことです。

本を書くことも10年以上やってきて、70冊以上も書いているのに、一度も面倒だとか、イヤだとか思ったことはありません。講演会やセミナーもそうです。いつも、1000人の前で話すことを考えただけで楽しくなるし、当日の朝は、ウキウキして目が覚めます。

あなたには、まだ何かにとことんハマった体験がないから、自分は飽きっぽいと思い込んでいるだけかもしれません。

本当に心から「これだ！」というものが見つかったら、絶対飽きないと、私は保証します。逆に言うと、飽きているうちはまだ本物ではないと考えたほうがいいでしょう。

私も26歳まではごく普通の人生を生きてきたので、なんとなく毎日が過ぎていく苦しさや、何かが違うという感覚にさいなまれる気持ちはよくわかります。

その後、自分の才能がはっきりわかり、心からワクワクする毎日を送れるようになって、今は説明するのが難しいほど、幸せになりました。「心の内側から幸せがあふれ出てくるような感覚だ」というと、一番近いでしょうか。

「大好きなものにとことんハマることの楽しさ」を知らないで毎日を生きている人は、自分が何を損しているのかわからないと思います。

「自分は飽きっぽいな」という人ほど、まだ本当の大好きなことに出会っていないだけだと思ってみてください。

⑥才能は、若いうちしか開発できない

6つ目は、才能は若いときにしか開発できないという考えです。

「10代、20代のうちにスタートしないと、才能は開花しない」と考える人は多くいます。ビジネスなら丁稚奉公に代表されるように、頭が柔らかいうちに仕込まないとダメだと思い込んでいる人が多いのですが、そんなことはありません。

スポーツや楽器の演奏など、一部の特殊な才能はたしかにスタートが早いほうが有利ですが、それ以外の才能に関しては、年齢は関係ないものもたくさんあります。

若くしてスタートしたほうが、それをやっている継続年数の力という意味では有利なだけです。

しかし、早ければいいかというと、そうでもありません。なぜなら、若いときにそればかりやりすぎて、トラウマになってしまったりするケースもあるからです。

水泳、ピアノ、習字などを無理やりやらされて、中学校に入る頃にはすごく才能があったのに、その後やめてしまったという人はたくさんいます。

過度な英才教育は、その人の才能をつぶす可能性があります。親のエゴで押しつければ、親子とも苦しくしてしまうのではないでしょうか。

⑦才能は、ある日突然、天啓のように降ってくる

7つ目の誤解は、才能はある日突然降ってくるというものです。

じっと待っていたら、才能の女神がやってきて、「あなたの才能は、イラストレーターになることです」と言ってくれるわけではありません。

また、ある日突然、「よし、俺はパン屋になろう」という直感とともに、才能が降ってくるなんてこともありません。

いろんなことをやって積極的に行動しているうちに、ピントが合ってくるので

す。そして、その結果として、「ああ、これが自分の才能だ」と腑に落ちたりするのです。何もしていないのに、急に自分の才能がわかるというのは、特殊なケースだと考えてください。

何歳からでも、間に合う

先の「才能に対する7つの誤解」の⑥でもお伝えしたように、「ごく若い頃に才能を開発させなくてはいけない」と考える人は多いでしょうが、才能を使って生きている人たちは、必ずしも10代のときから才能を開発していたわけではありません。

20代前半のうちに自分の可能性に気づく人もいれば、30代、40代、50代、60代になってから、自分の才能に気がつく人もたくさんいます。

「自分にも何かできるのではないか」と思い始めた時点がスタートであって、決して何歳だから遅いということはありません。

私の講演会で、20代の人が「もう僕の人生、遅すぎます」と発言したら、隣の

30代の人が「君なら何だってできるよ。僕なんかもう30だよ」と反論しました。すると、40代の人が「僕より10年若いじゃないか」と言い、今度は50代の人が「君らは、みんな若いよ」と言っていました。会場に70代の人がいたなら、「君ら全員、まだヒヨっ子だよ!」と怒っただろうと思います。

才能を開発するのに、年齢はまったく関係ないのです。

ケンタッキーフライドチキンの創業者カーネル・サンダースは、70代で会社を立ち上げて成功を収めていることからもわかるでしょう。

ただ、自分は歳だからもう何もできないという制限的な観念がある場合は、その人がたとえ20歳でも未来は明るくないかもしれません。

「才能発見の適齢期」というものは、あるようでない

「結婚適齢期」という言葉があります。昔ならクリスマスケーキと言って、25歳を過ぎると価値がなくなる、だから24歳までには結婚したほうがいいということでした。さすがに今ではそんなことを言う人は少なくなったでしょうが、統計的

に見ると、25歳から35歳ぐらいまでの10年は結婚する可能性が高い時期です。

私が各年代の人たちをインタビューした経験でも、35歳あたりを過ぎると、とたんに結婚する人の数は減っていきます。それまでは、結婚式の招待が毎月のようにあったのにパタンとなくなってしまい、同時にパートナー候補の人と出会うチャンスも激減します。その後は、よほどアクションを取っていかないと、パートナーに巡り会えません。

では、同じように、才能発見には適齢期があるかというと、あるようでないというのが私の答えです。

たしかに、自分の才能を見つける人が多いのは、だいたいこの結婚年齢と似通った時期です。ただ、結婚と違うのは、何歳でもそれが起こりうるということです。

一般的には、20代で何らかの仕事を始め、早い人で数年のうちに、自分の本当にやりたいことを見つけます。そして、試行錯誤を経て、自分の分野が定まってくるのが30代でしょう。真剣に探しているのに40代でもまだフラフラしているとしたら、探し方が間違っている可能性が大です。

そういうわけで、40代、50代でも遅すぎるということはありません。

しかし、頭が固まっている分、若い人の数倍の努力は必要です。そして、まわりの理解が20代の頃ほどないのも制限となるでしょう。違う仕事をスタートさせようとしても、まわりが反対することになるので、あなたの意志が強くなければ、「好きなことは定年からでもいいかな」となってしまうでしょう。そして、それも悪くない生き方です。

人生最大の問い「自分は誰なのか？」

才能は、その人の感情を最も揺さぶります。言い換えれば、感情が大きく揺さぶられるから才能が出てくるともいえます。

才能は、心のかなり奥深いところに隠されています。だから、地震が起きないと温泉は出ないのと同じように、大きな出来事や事件があったときに、才能が湧き出る出口が開きます。

ひどい失敗をしたり、お金がなくなったり、リストラされたり、病気になったり、男女関係で絶望したり、あるいは、それら複数が同時多発的に起きたときに初めて、「自分は大丈夫なのだろうか？」「このままでいいのだろうか？」と考えるようになるわけです。

特にネガティブな感情が、才能を覆っていた壁に初めてクラック（ひび）を入れます。そのひび割れたところから、本当の自分が姿を現すのです。

なぜかというと、苦しくなって初めて「自分とは誰か？」と考え出すからです。私は、「自分は誰なのか？」という問いは、人生でシンプルかつ最も重要な問いであると思っています。

有史以来、すべての哲学者がこの問いを追究しています。この人生最大の問いに、その人自身がどう答えるのかが、人生ともいえるわけです。

ちょっと大げさに聞こえるかもしれませんが、あなたが「自分はどういう人間だ」と考えるかによって、あなたの人生はできあがっています。自分は普通のサラリーマンだと思う人は、誰にでもできる仕事をしているかもしれません。私は普通の主婦だと思っている人は、家事しかやっていないでしょう。

「私は、世界に通用するアーティストだ」と考えている人は、そのように人生を生きていきます。「私は、ヒーラーだ」「私は、教育者だ」と考えている人も、そのような人物として生きることになります。

「自分が誰か」が腑に落ちるほど、人生が楽しく、生きるのが楽になります。それは、自分以外のものになる必要がないからです。そして、自分であることに何物にも代えられない喜びを持っているからです。

才能を使い始めると起きる、6つの変化

自分の才能が開き出すと、さまざまな変化が起こってきます。それが具体的にどんな変化なのかを見てみましょう。

①出会う人が違ってくる

才能を輝かし始めると、出会う人たちが全然違ってきます。

これまであなたが普通の人生を生きていたとしたら、まわりもごく普通の人たちだったと思います。しかし、いったんあなたが、才能を生かして自由な生き方

をし始めたら、それに呼応するかのように、まわりに集まってくる人の質が変わってきます。自分と同じように、才能を生かしている人やクリエイティブな人、パワフルな人たちと出会うようになります。

あなたの才能の開発度合いによって、それは変わっていきます。あなたがちょっとクリエイティブなぐらいだと、出会う人も同じぐらいでしょう。でも、その業界で名前が知られるぐらいになると、付き合う人たちも、他の分野で同じぐらい活躍している人たちになっていきます。彼らと世間話をするだけでも、刺激的な時間が過ごせるでしょう。

②仕事や生き方がグレードアップしていく

2つ目は、自分の仕事や生き方がどんどんグレードアップしていくことです。言われただけの仕事しかしていないうちは、たいしておもしろくもなかったのに、自分が才能を使い出すと、毎日が楽しくなってきます。アイデアがどんどん出てきて、共感してくれる同僚、取引先、お客さんの輪が広がっていきます。あなたと話をしたいという人たちがたくさんやってくるようになります。

1つの才能を開発すると、必ず別の才能が同時に開花していきます。1つうまくいき出すと、連鎖的に違った才能が開発されてくるので、どんどんおもしろくなっていきます。私の場合は、「人前で話す才能」と「本を書く才能」が同時に開いていきました。

③情報が集まってくる

3つ目は、情報が集まってくることです。

才能を開発していくと、同じようなレベルの人たちと会うようになるので、その分野で活躍している人たちとの付き合いが始まります。そのレベルに応じて、いろいろな情報が集まってきます。あなたが一流になっていくと、もたらされる情報も第一級レベルになり、それを上手にまわりに渡すことで、また付加価値のついた新しい情報が戻ってきます。

④お客やチャンスが向こうからやってくる

4つ目は、お客さんやチャンスが向こうからやってきます。

才能を生かしている人には、依頼が殺到します。だから、これはどんな職業でもいえますが、営業する必要がなくなります。それがラーメン屋でも、保険の営業でも、医者や弁護士でも、営業努力がいらなくなるのです。なぜなら、一流の仕事をやっている人には、誰でも見てもらいたい、触れたいと思うからです。同じ値段なら、多少待たなければいけなくても、行列のできているラーメン屋さんに行きたいものです。予約がなかなか取れない歯医者のほうが信頼できると思えます。

また、あなたのすばらしさを聞きつけて、仕事の依頼が舞い込むようになります。それは、講演の依頼だったり、共同で何かをやりましょうということかもしれません。

才能がない人は売り込みをしなければいけませんが、才能がある人は、来た仕事の中から一番自分がやりたいことを選べばいいのです。すると、ますますあなたの仕事のレベルはパワーアップしていきます。

⑤好きなだけの収入が得られる

5つ目は、自分が好きなだけの収入を得られるようになります。まったく同じ仕事をしても、才能がない人は、値切られるリスク、クレームのリスクがつねにつきまといます。そして、おおむね世間的な報酬以上のものはもらえません。

一方、才能があってクリエイティブに活躍している人は、需要が多いので、同じ仕事をしている他の人たちよりも値段を高くつけることができます。

同時に尊重されるため、値切られることはまずありません。なぜなら、指名で仕事の依頼をしてきた相手が値切ることはないからです。

⑥運が良くなる

6つ目は、運が良くなります。才能がある人は、独特のリズムで生きています。心から今の活動を楽しんでいる空気感やワクワク感がその人から出ているので、まわりの人もそれを感じます。そして、それは伝染していきます。その結果、自然に運が良くなります。なぜなら、そういう人には、人もチャンスもお金も情報も、すべて引き寄せられやすくなるからです。ネガティブなことが起きても、ま

大好きなことでお金持ちになるメカニズム

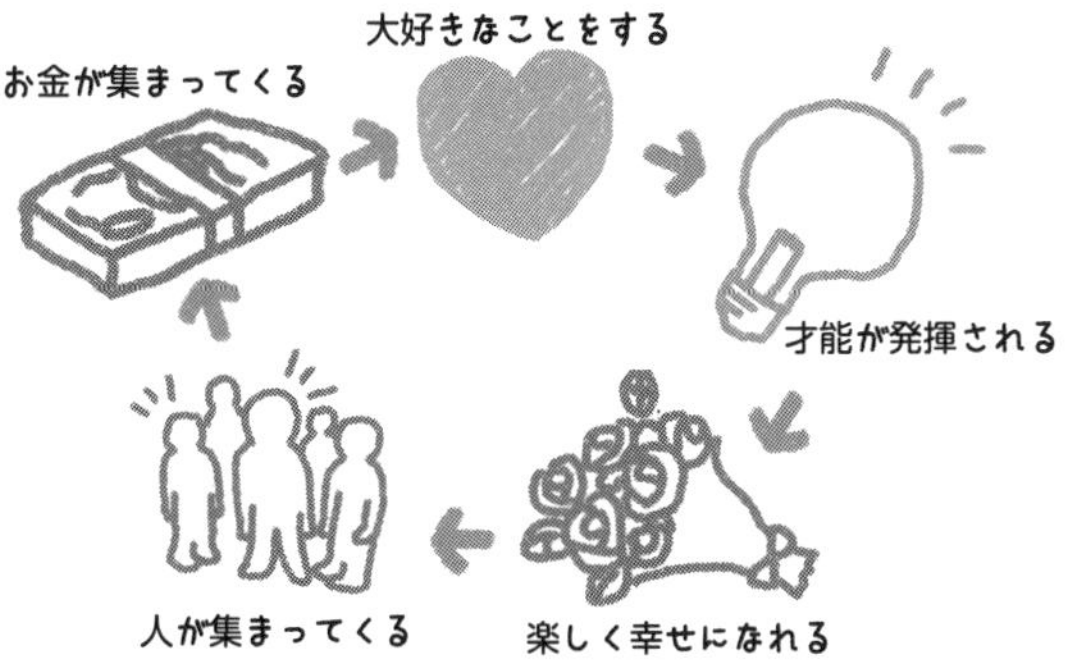

お金が集まると……、
大好きなことをやり続けられ、さらにお金が集まる。
才能を発揮すると、幸せのサイクルが回り出す！

わりに助けてもらいやすくなります。

たとえば、事業で失敗しても、才能があれば、「彼の才能がもったいないから、また再起させてやろう」と助け船が来るのです。

逆に、自分の才能を使っていない人が失敗しても、「仕方ないかな」と思われて、「彼の再起を助けてやろう」と思ってくれる人は少ないでしょう。

では、次の章では、いよいよ「才能とは何か？」についてお話ししましょう。

第2章

才能とは何か？

才能とは、自分自身を、
自分の力を信じることだ。

――ゴーリキー

才能は、頭で考えて探しても、絶対に見つからない

この章では、「才能とは何か？」というテーマを、いろんな角度から掘り下げていきます。

才能を見つけようとするとき、一生懸命頭で考えて探そうとする人がいます。けれども、才能は、考えても見つかるものではありません。それは、才能が「思考の世界」ではなく、「感情の世界」に存在するからです。

そういう意味では、自分探しの旅に出ても自分らしさは見つかりません。なぜなら、「本当の自分」がインドの片田舎に落ちていることはないからです。

理論的に考えるのが得意な人は、たとえば才能が「人の役に立っているかどうか」を数字面でとらえがちですが、それではうまくいきません。なぜなら、数字を見ても「これが才能だ！」とは感じられないからです。

才能を見つけるためには、「ああ、自分がやったことが、こんなにも役に立ったんだ。うれしい！」とジーンと感動するような実体験のほうが大事なのです。

才能は、感情で気づくもの

「自分の才能って何だろう?」と考えたとき、まずは、才能にあふれた有名人やすごい人を思い浮かべるかもしれません。

でも、自分にはプロスポーツ選手になるような才能はないし、ダンスができるわけでもない。建物の設計ができるわけでもないし、演技の才能もない。コンピューターに詳しいかというと、それほどでもないし、セールスの技術もないし、ビジネススクールを出たわけでもない。資格もないし、やっぱり自分はダメなんだと思ってしまいがちです。だから、もう自分には才能がない、今の仕事にしがみついていないと生きていけないと考えてしまいます。

才能は心でジワッと感じるものなので、ふだんから自由に感じる心を持っていないと、はっきりわかりません。これは恋愛と一緒で、愛を感じられなければ、自分が相手を愛しているか、相手に愛されているかさっぱりわかりません。ちょっとしたことで、「自分は愛されている」と感じられる心の状態が必要なのです。

才能は感情が大きく揺れたときに、湧き出る温泉のようなもの

才能が見つかるときは、感情的にネガティブに触れたときとポジティブに触れたときの2種類のタイミングがあります。

才能は、実は感情が大きく揺れたときに出てきます。それは、「地震で地面が割れて温泉が出てくる」という感覚に似ています。才能を見つける作業は、先にもお伝えしたとおり、いわば温泉を掘るようなものです。

野球のイチロー選手や将棋の羽生名人のような天才は、もともと温泉が地上に噴き出した状態で生まれてきている人たちだといえます。

だから、普通の人にとっては、あまり参考にならないかもしれません。自分のやりたいことが小学生のときから決まっている人と比べても、参考にならないのです。

彼らは、外国語のネイティブスピーカーのようなもので、自分の母国語の成り

立ちを理論的に説明できません。彼らは、生まれてから自然にその言語を話しているので、なぜそういう言葉の使い方になるのか、自分でもわからないのです。

生まれつき目に見えて才能を持っている天才たちと違って、ほとんどの人は自分の才能を掘り出すために、心の中の地層をドリルで掘り下げていかなければなりません。

ラッキーなことに1メートル掘っただけで温泉が出る人もいれば、1キロ掘っても出てこない人もいます。才能が10代で見つかる人もいれば、カーネル・サンダースのように70代でようやく開く人がいるのと同じです。

しかし、意識的に自分を見ることと行動することで、このプロセスを早めることができます。

では、これから「才能とは何なのか」、いろんな側面から見ていきましょう。

心がワクワクすることは、あなたの才能

あなたには、心がワクワクすることが何かありますか?

それは、趣味かもしれませんし、何かの活動かもしれません。旅行が大好きな

人、パーティーで盛り上がるのが好きな人、ビジネスモデルを考えるのが好きな人……。

それぞれが、あなたの才能です。

心がワクワクするということは、そこにエネルギーの共振が起きています。

人間関係でも同じです。会っていて心がワクワクするとき、それが男性でも女性でも、お互いの心が振動し合います。そのときに、「楽しかった！」と感じるのです。

この心の共振がどういうときに起きるのか、ふだんから意識的に見てみることで、あなたの才能のありかがわかります。

才能とは、ちょっと時間があったらやってしまうこと

才能とは、つい時間があったら、やってしまうことです。

ミュージシャンが、レストランでナプキンに歌詞を書きつけたりする話を聞いたことがあるでしょう。作家なら思いついた言葉を書くでしょうし、設計士なら建物のスケッチデザインを描いているかもしれません。

ふだんの生活で、気がついたら時間をかけてやっていることを書き出してみましょう。

才能とは、自然と上手にできること

才能とは、その人が何も考えなくても、自然にできることです。

「文章を書く」「歌を歌う」といったわかりやすいものから、「人の話を聞くのが上手」という、ちょっとわかりにくいものもあります。

たとえば、その人の顔を見たら、自然と悩みごとを相談したくなるような人がいるものです。私がお世話になっているアストロロジャー（占星術家）の來夢さんは、小学生の頃から友達に悩み相談をもちかけられていたそうです。大人になってからも、友人たちからひっきりなしに電話がかかってきたために、個人宅なのに、「この電話はつながりにくくなっております」というアナウンスが流れたそうです。現在、彼女のセッションの予約を取るには、2年も待たなければいけないほど人気があります。

このように、本人にしてみればあまりにも自然にできることなので、当たり前すぎて「才能だ！」なんて考えてもみなかったこと、それが才能です。

また、自分が意識しなくても、自然とそうなってしまうことも、才能です。

たとえば、どこへ行っても、おじいちゃん、おばあちゃん、子供に好かれてしまうというのも才能です。また、自然と動物がなつく人もあなたのまわりにはいるはずです。彼らは、人間の友達と話すように、犬や猫、馬と話ができたりします。そして不思議なことに、その動物たちも彼らが言うことがわかっているかのように反応します。そういう人は、動物関連の活動が才能を開花することにつながってきます。

才能とは、自分が誇らしく感じること

あなたが今やっていることは、子供や友人に誇らしく語れることでしょうか？

それがどんな仕事でも、「どう、すごいでしょ？」と思わず自慢したくなるようなものは、才能です。

「模型をたくさん集めた」「人知れず河原を掃除している」「毎日、電車やバスでは必ず席を譲るようにしている」……、そんな些細なことでいいのです。

まわりの人が評価するかどうかは、関係ありません。それを誇らしいと思えることは、あなたの才能です。

才能とは、インスピレーション

「才能とは、インスピレーションだ」と言ったアーティストがいました。その人は白いキャンバスを目にすると、絵が踊り出すというのです。

また、音楽家でも天才的な人は、「作曲するとき、音楽が聞こえてくる」と言ったり、作家なら「文章が降ってくる」と言います。以前、モーツァルトの手書きの楽譜を見たことがありますが、ほとんど修正がありません。作家の中でも天才的な人は、一字一句修正なしにそのまま文章をなぐりつけるような早さで書く人がいます。

料理人でも、一流になると、調味料やパスタの分量を量らずに、目分量で見事な料理をつくってしまう人がいます。彼らは、「あとどれくらい塩を入れればいいのか、手が判断してくれる」と言います。

この天才たちに共通しているのは、「いろいろ考えない」ということです。考えなくても完璧なものができる。これが、天才的な才能です。

才能とは、その人の愛の表現

才能とは、その人の愛の表現です。

料理の才能を持つ人なら、「誰かにおいしいものを食べさせてあげたい」という思いから、料理をつくるわけです。ダンサーなら、観客のために踊るでしょうし、設計士なら、そこで住む人や働く人が快適に過ごせるように設計しているでしょう。

マッサージの才能がある人は、相手が癒されるように、教育の才能がある人は、子供たちの未来のために、知恵や知識を出し惜しみしません。

それは、彼らが愛からその活動をやっているからです。

才能とは、人に喜ばれ、人の役に立つこと

才能とは、人に喜ばれることです。

あなたには、何かをやって人に喜ばれたことがありますか？

「人を紹介した」「悩みを聞いてあげた」「ファッションのアドバイスをしてあげた」「ホームページのつくり方を教えてあげた」といった些細なことでも、すごく喜ばれることがあります。本人は意識してやっているわけではなく、自然にやっていると思います。

でも、それはあなたの才能です。もちろん、それだけですぐ何かの役に立つわけではありませんが、後々それは形になっていきます。

同じように、才能は人の役に立つことでもあります。

直接人に喜ばれることはなくても、それをやることで利益を得る人がいます。たとえば、電気や道路の工事、ダムの設計など、直接、誰かに喜ばれることは少ないかもしれません。しかし、それが誰かの役に立つのならば、それは、十分にあなたの才能です。

あなたの才能のおかげで、幸せになる人をイメージしてみてください。歌手やスポーツ選手のように派手ではないかもしれませんが、すばらしい才能です。

才能とは、温泉のように人を癒すもの

「才能とは、温泉のようなものだ」と言う人もいます。それは、人がそれに触れると、癒されるからです。

大好きなラーメンを40年つくり続けているおじいさんの店に行くだけで心が安らいだりします。悩みを聞いてもらうコーチングなどの直接的な才能だけでなく、一緒にいると気分が楽になる、ホッとするというのも、十分に才能です。

この才能を持っている人がお店を経営していると、常連さんがマスターの顔を見るためにだけやってきたりします。それはまるで温泉に人が集まってくるようなものです。安心感をつくり出せるのは、すばらしい才能です。

また、癒し効果があるのが、才能です。

先ほどの温泉と似ていますが、才能には、人を癒す力があります。才能のある人の料理を食べたり、すばらしいミュージシャンの演奏を聴いただけで、涙が出てくることがあります。あるいは、映画、舞台を観たり、小説を読んだりするとき、涙が出るのは、そこに癒しの要素があるからです。

愛情たっぷりにつくった料理、音楽、文章、建物は、人の心を打ちます。物理的なものさしでは測れないものがそこにはあると思います。

才能とは、人を感動させ、楽しませるもの

人を感動させるのも、立派な才能です。鮮やかな包丁さばきを見たり、美しい建築物を見たり、すばらしい演技を観ると、人は感動します。

あなたが何をやるにしても、人を感動させられるようになったら、プロの入り口に立ったと言えるでしょう。1杯のラーメン、1曲の歌などで、人を感動させることができたら、あなたは、その道で才能を開花させ始めたことになります。

あなたは、大道芸人やサーカスのピエロを見たことがありますか？

彼らには、人を楽しませる才能があります。見ただけで、人の気持ちをほぐしたり、楽しくさせてしまう人は、この才能を持っています。

プロのエンターティナーは、この才能を使って生活しているわけですが、普通の人でも、これを「自分の才能だ」と自覚することで、人生が変わってきます。

誰しも、楽しい人と一緒にいたいものです。あなたがこのエンターティナーの才能を持っていたら、フルに使いましょう。きっと人脈が広がって、それが何かにつながっていきます。

才能とは、人の神経を逆なでするもの

これは、一部のアーティストに見られる現象ですが、人の感情に揺さぶりをかけて、ダークサイドを引っぱり出すという才能もあります。その絵を観たり、音楽を聴いただけで不愉快になる。読後感がすごく苦い小説や映画、演劇、不気味な彫刻。現代アートには多いですが、こういうものも才能です。

人のネガティブな感情を引き出すのが得意なカウンセラー。ポジティブ思考の人が多い中で、こういう才能は貴重です。

失言をして物議を醸す政治家もこれに当てはまります。建前が多くて誰も本音を言わないオフィスで、ズケズケと物を言うコンサルタントや批評家。彼らは、ひんしゅくを買うこともしばしばですが、大切な役割を担っています。

小さい頃から、人が嫌がるイタズラをするのが大好きだった人は、この種の才能があります。一般受けはしないかもしれませんが、すばらしい才能であることは間違いありません。

才能とは、苦しい体験から見つかるもの

才能とは、その人が人生で苦しんだ体験から生まれるものでもあります。

子供が事故や病気で亡くなった。自分がガンになった。ビジネスで失敗して破産したなど、大変な体験をしてそれを乗り越えたことにより、人生が劇的に変わった人はたくさんいます。

その体験から、事故防止の活動に取り組んだり、同じ状況にいる人を励ます活動を始めたりする中で、人を癒したり、励ましたりする才能を見つける人がいます。

そういう才能は、人生で苦しい体験から回復する過程で自然と出てきます。そして、その才能を使えば使うほど、過去の体験が癒されていきます。

才能とは、人生の目的

才能をフルに生かしている人たちに共通しているのは、「自分は今のライフワークをやるために生まれてきた！」と感じていることです。

「医者をやるために生まれてきた」

「教育者になるために生まれてきた」

「俳優をやるために生まれてきた」

「セールスマンになるために生まれてきた」

と心から信じているのです。

才能とは、その人の人生の目的です。

その人にとって大切なもので、パーソナルなものでもあります。

だから、才能は人の数だけあって、隣の人の才能とは違うし、真似をしようとしても意味のないことです。

あなたが、自分のハートで感じるものなのです。

才能のいろいろな形

ポジティブな才能		ネガティブな才能	
笑わせる	美しい声を出す	人を怒らせる	無駄遣いする
和ませる	新しいことに挑む	ズケズケとものを言う	時間にルーズ
元気づける	リーダーシップを取る	自分（他人）に厳しい	ひきこもる
安心させる	手先が器用	完璧主義	声が小さい
喜ばせる	行動力がある	手先が不器用	怖がり
感動を与える	人と人をつなげる	感情を言葉で表せない	団体行動が苦手
勇気づける	チームワークを大事にする	優柔不断	否定的になる
問題解決能力がある	ユーモアのセンスがある	作業が遅い	勇気が出ない
癒す	人に話すのが上手	失言する	自信がない

ネガティブなことにも、たくさんの才能が眠っている。

静的な才能		動的な才能	
洞察力がある	人を支える	売る	文章を書く
審美眼がある	人に甘える	買う	組織を動かす
目標設定をする	心くばりする	体を動かす	新しいサービスを提供する
計算する	柔軟性がある	話をする	人に教える
自分の長所を見つける	感情に寄り添う	ダンスする	チームをまとめる
自分を褒める	決断力がある	歌を歌う	整理整頓をする
人の長所を見つける	匂いを嗅ぐ	写真を撮る	操作する
人を褒める	音・話を聞く	絵を描く	触れる
人の名前・顔を覚える	探究する	人を楽しませる	人と人をつなぐ

天職と適職は、どう違うのか？

よく講演会などで聞かれるのが、この2つの違いです。

天職は、その人が生まれてきた目的に関わることで、今の人生でやるように運命づけられたものです。

一方、適職は、その人の才能に合っている仕事です。

人は、適職をやっていると、社会的、経済的な満足を得ることができます。感謝されることも多く、やりがいもありますが、深いレベル（魂レベルとでもいうべきもの）の満足感は得られません。

天職は、そのことをやるために生まれてきたような活動です。それは、必ずしもお金をもらうような仕事でなくてもいいと思います。

それをやるだけで深い充足感があるので、報酬はあってもなくてもいいのです。また、飲まず食わずでやっても、気にならないぐらいに楽しい活動なので、途中で止めるのが難しいぐらいのものが天職です。

この適職から天職への移行は、なかなか難しいものがあります。なぜなら、人によっては、この2つがまったく違う場合があるからです。

小さい頃から成績優秀で、医者、弁護士、エンジニアなどになった人の中には、40歳を過ぎて、「本当はこんな仕事はやりたくなかった」と感じ始める人がいます。

私のごく身近でも、医者をやっていた人が陶芸家になったというケースを知っています。大企業の部長をやめて、海外協力隊に入った人もいます。私は、盲目のオペラ歌手のボッチェッリが大好きですが、彼は弁護士をやっていました。でも、歌をあきらめられず、独学で歌い始め、世界的な歌手になりました。

大好きなことは、趣味にとっておくべきか、仕事にするべきか?

好きなことを趣味にするべきか、仕事にするべきかは、多くの人が悩むところではないでしょうか。たとえば、陶芸の才能がある人が医者をやるかたわら、陶芸を趣味でやるということもアリです。

人生とは、つまるところ、「時間をどう使うのか」ということに尽きます。自分の本当にやりたいことをフルタイムでやるのか、あるいは収入のことを考えて、週末だけやるのかです。とりあえず、趣味でもいいから楽しいことならやったほうがいいと思いますが、多くの人がそれもやめてしまい、日常に忙殺されてしまうのは、その活動に魅了されて飲み込まれるのが怖いと感じるからだと思います。

たとえば、音楽を学生時代にずっとやっていた人は、仕事で忙しい毎日の中でも10分ほど時間をとって、楽器を弾いてもいいと思うのですが、なかなかそうしない人が多いようです。なぜなら、いったんそれをやり出したら、止まらないいんじゃないかと感じてしまうからでしょう。

音楽が楽しすぎてやめられない。けれども、会社には行かなくちゃいけない。そういうジレンマに陥るぐらいだったら、音楽には近づかないようにしよう。

無意識のうちにそう考えたのかもしれません。その結果、ドラムセットが使われないまま、10年も経ってしまったという人はたくさんいます。

趣味でも仕事でもいいので、それが楽しいことなら、とにかくやめないことが大切です。

勇気がないと、才能は見つからない？

才能と勇気の関係についてもよく聞かれるので、お話ししてみましょう。

「勇気がないと、才能は見つけられませんか？」とよく聞かれます。

もちろん、そんなことはありません。でも、怖くなったときに尻込みしてしまう人と、「えいっ！」と飛び込む人では、チャンスのつかみ方が違うのは確かです。怖くても、おもしろそうだからやってみようという感性は大切です。

そういう意味では、勇気は必要かもしれませんが、自分の中のエネルギーが高まってくると、自然と体のほうも動き出します。勇気が出ないという人は、そこまでエネルギーが貯まってくるのを待ってみるのもいいでしょう。

努力しないと、才能は出てこない？

才能という言葉を聞くと、「私には、努力するパワーがないから無理です」とため息混じりに言う人がいます。彼らは、「努力しないと、才能は出てこない、自分にはやり遂げる根性がないから不可能だ」と考えているのです。

しかし、果たしてそれは真実でしょうか？

一生懸命にやる人のほうが才能を引き出しやすいのは確かです。朝早くから夜遅くまで打ち込んでいる人の姿を見ると、わかります。

でも、本人はそのことにあまりにものめり込んでいるので、自分が努力しているという感覚はないと思います。

ラーメンの新しい味を研究しているうちに徹夜してしまう人。店が終わってから、カットの練習に熱中しすぎて、終電を逃してしまう美容室の見習い店員。ストーリーが天から降りてきているので、トイレに行く以外、1日16時間ぶっ続けで描き続ける漫画家。

彼らは、あまりにも熱中してそれをやっているので、「自分は努力をしている」という感覚がないはずです。まわりの人に指摘されて初めて、「自分が普通ではない」と気づきます。

それは、頑張ってやっているのではなく、ゾーンに入っているからなのです。

才能が開花するかどうかは、パートナー次第

才能とパートナーシップは、興味深いテーマです。

「あなたには才能がある！」とパートナーに励まされ続けた人は、苦しいときに頑張ろうと思えるでしょう。

天才的な活動をした人には、陰で支えるすばらしいパートナーがいたという話を聞いたことがあるでしょう。エジソンの奥さんは、どれだけ遅く帰ってきても、その日の進捗状況をニコニコしながら聞いてくれたそうです。

あなたが何かをやろうと思ったとき、たいてい最初はなかなか自信が持てません。そういうとき、自分よりも自分の才能を信じてくれる人がそばにいるのは、とても心強いものです。

「自分は、パートナーが応援してくれないから無理だ」と思った人もいるでしょう。

才能のおもしろいところは、必ずしもパートナーが応援してくれたから開くわ

けではないことです。

応援されたほうがもちろんやりやすいわけですが、才能を開花させた人を見ると、必ずしもそうなっていないケースが多くあります。

「天才には悪妻がつく」という言葉を聞いたことありませんか？

彼らは、隣にいる奥さんに理解されないので、屈折したパワーを作品やビジネスに向けたりするのです。あまり幸せとは言えないかもしれませんが、確実にこのパターンは存在します。

奥さん、旦那さんに理解されないまま、持って行き場のないネガティブなエネルギーを生涯芸術に捧げるという話は、アーティストの伝記によく出てきます。リンカーンも、浪費家できまぐれな奥さんに振り回されながら、激動の政治家人生を送ったようです。

どちらのスタイルを選ぶかは、あなた次第です。

才能を探す旅に、家族は避けて通れない

才能は、おもしろいことに、家族関係ととても深い関係があります。

皆さんもお気づきのように、歌舞伎や伝統技術の職人など、家業を代々受け継いでいる人はもちろんのこと、医者や花屋、商店といった自営業、建築士、税理士の人など、家業を継ぐという生き方をしている人が多くいます。

一方で、その流れに反発する人もいます。代々医者だったのに、自分のやりたいことを選択して、一族の裏切り者のレッテルを貼られてしまいます。

家族との関係をスムーズにできなければ、どれだけ活躍していても、やはり裏切り者です。そのような立場にいる人は、まずその心の傷を癒す必要があります。

また、自分の家族がどのように生きてきたのかを知り、それを尊重することで自分の才能が磨かれることもあります。

代々続くお店や会社をイヤイヤ継いでしまった人でも、自分の置かれた環境で才能を開花させている人はたくさんいます。

中には、自分の才能は何だろうと焦っている人たちもいるかもしれませんが、

たとえばユニクロの柳井正さんやダイエーの中内さんも二世経営者です。

普通の二世経営者から、一流の世界に上り詰めて活躍している人はたくさんいます。

この本を読まれている方の中にも、二世、三世の経営者がいると思います。自分が創業者でない場合、その葛藤はなかなかまわりには理解されないのではないかと思います。

エネルギーの強い父、祖父との軋轢は、仕事だけでなく、プライベートも蝕みます。家族関係を上手に健康的に持たなければ、いろんな悲劇を生むことになってしまいます。

後ほどお話ししますが、自分の才能を見つける旅で家族は避けて通れない関門だと言えるでしょう。

才能から見た4つのレベルの生き方

その人がどれだけ才能を使っているかで、人生はまったく違ったものになります。

イメージしやすいように、4つのレベルでお話ししようと思います。それぞれの才能の開花の仕方で、人生の様相が全然違ってきます。また、その才能開花の状態が、同じ人でも違う活動をやれば、違うレベルになります。

たとえば、音楽の世界では天才のジョン・レノンが経理をやれば、無能レベルかもしれません（ひょっとしたら、得意かもしれませんが……）。あるいは、ビジネスでクリエイティブな才能を発揮したスティーブ・ジョブズも、映画の世界で天才のスピルバーグも、スポーツの世界だったら、きっとプロになるのは難しいでしょう。

自分の才能がない場所で勝負してはいけないということです。

もし、ある分野で無能だったとしても、他のすべての分野で無能ということは絶対にありません。あなたが今一つイケてないと思ったら、それはあなたの能力のせいではなく、選んだ場所が悪い可能性もあるのです。

①無能・迷惑レベル

この無能レベルで生きている人は、毎日がつらく、苦しいものになるでしょう。なぜなら、自分のやっていることが評価されないどころか、人の迷惑になっているのを毎日痛感させられているからです。

仕事では、多くの場合、お客さんや取引先の人に謝る毎日です。納期が遅れた、違った商品が届いた、仕事が不十分だということで、クレームの電話やメールの対応に追われています。

仕事にやりがいを感じられなければ、楽しいという感覚もありません。また、誰かに迷惑をかけているのが心苦しい状態です。ミスばかりの毎日で、針のむしろのような生活です。

このレベルにあなたがいるとしたら、転職するか、違う部署に行くことをおすすめします。今の場所以外にあなたが活躍できる場所は、きっとあります。今のあり方では、あなたもまわりも、つらいだけです。

②普通レベル

このレベルの人は、誰にでもできる仕事をやっています。クレームに追いまくられることはないものの、ごくごく普通に仕事をやっているので、なんとなく退屈さを感じています。毎日が慌ただしく過ぎていきます。家事、育児、介護などをやっている人は、目のまわるような忙しさの中、息つく暇もない人生です。

提供しているものがありきたりのものなので、給料も人並みです。だから、住んでいるところも、食べるもの、着るものも普通です。

「なんでこんなことをやっているんだろう？」

時々、そういう考えが頭の中をよぎりますが、だからといって、人生を変えようとはしません。

仕事をやっていても、心がワクワクしないし、高収入も期待できません。

世の中にはこのタイプの人が一番多いと思いますが、それは、自分の才能が何かを知らないから、そうなってしまっているだけです。

自分ができることを磨いていけば、もっとおもしろい人生になるのは間違いありませんが、そんなことは考えてもいないし、信じてもいません。

③優秀レベル

この人たちは、自分の得意なことで社会的にも評価されることをやっています。学生時代から優秀だったり、上手にできることを長年やってきたので、その分野ですばらしい業績を出しています。

医療、法律、ビジネス、教育などの分野でトップ10％の活躍をしている人たちがここに入ります。

誰もが認める実力を持っていますが、必ずしも本人が幸せかどうかはわかりません。なぜなら、彼らは、トップレベルを維持するために、頑張り続けなければいけないからです。

天才との違いは、この「頑張る」という感覚があるか、ないかだといえます。

天才たちには、自分が努力しているという感覚がありません。なぜなら、天才にとっては、それをやること（ピアノを弾く、設計する、演技する、写真を撮る）は、呼吸をするように、ごく自然なことだからです。

この優秀レベルの人たちは、高収入、社会的地位、業界で認められること、お客さんからの感謝などが、頑張る原動力になっています。

逆に、これらのものがないと、だいぶテンションが下がってしまう可能性があります。これが何のモチベーションもいらない天才との違いといえるでしょう。

優秀レベルの人たちは、積極的に今の分野を選んだわけではありません。

学生時代のある時点で、頭で考えて、その専門分野を選んだので、本当にそれが好きかどうかという視点では考えていません。自分の強みを生かせるという視点で考えているので、ワクワクのエネルギーでスイスイ仕事をする感じではなく、ブルドーザーでガッと進むようなイメージです。

④天才レベル

このレベルの人は、フルに才能を使っています。自分が生まれてきた目的に近いことをやっているので、限界がありません。どの分野にも、こういう天才はいます。彼らには、「もう十分」ということがありません。たえず進化していて、本人も何かに憑かれたように、そのライフワークに没頭します。

料理であれば、誰もが考えたことのない組み合わせや調理法を生み出し、法律であれば、新たな判例を開き、医療なら、画期的な手術法を編み出すような人たちです。

その着想は、頑張って考えて出てくるものではありません。純粋にインスピレーションでやっているのです。

優秀タイプが自力で運転しているのに対して、天才タイプはオートパイロットで自動運転している感じです。だから、いい感じで力が抜けてリラックスしています。

天才にとって、もはやお金や名誉はどうでもいいものです。強いて言えば、自分の才能をどこまで開花できるのか、ということへの純粋な好奇心がその原動力です。

おおむね高収入に恵まれる優秀タイプに対して、天才タイプは、ものすごくお金持ちになるか、破産寸前で生きるかの両極端になることが多いようです。

たとえば、遺産が何千億円といわれるピカソに比べ、貧乏で失意のうちに亡くなったゴッホ。また、天才的な才能を発揮しながらも、晩年は破産状態で、共同

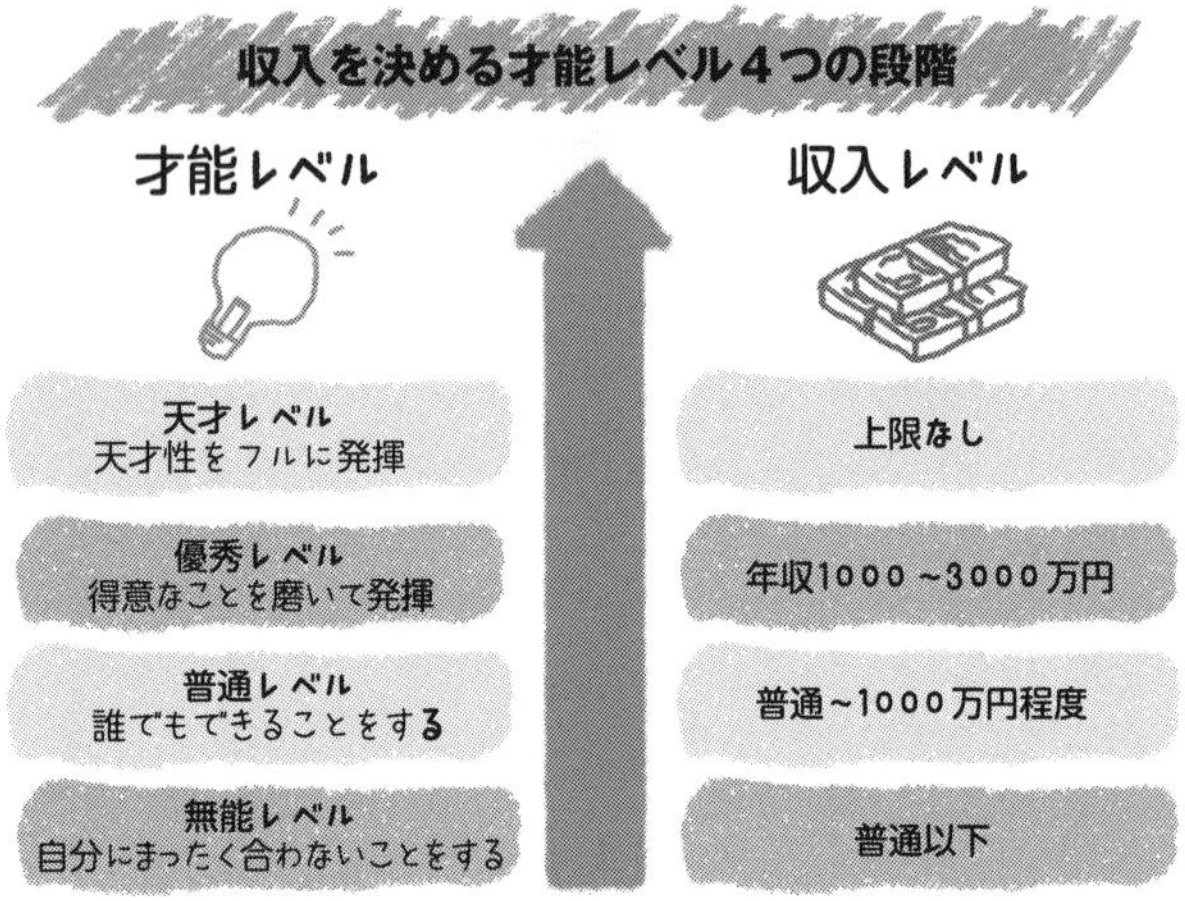

あなたが思う理想のレベルで活躍している人の名前や
特徴を思い浮かべてみよう。

墓地に埋葬されたモーツァルトが、そのいい例です。

優秀タイプの人たちが今の世界で評価されるのに対して、天才レベルは死後評価されることが多いのは、天才たちが時代を超えた仕事をしているからです。今の時代に受ける作品をつくっていると、自分が生きているうちは人気を得ても、その人が死んだら、時代とともに忘れ去られてしまいます。

天才たちからライフワークを取りあげたら、死んでしまうかもしれません。それぐらい、彼らの命と仕事は不可分なのです。だから、優秀クラスの人がバケーションを仕事からの息抜き、ご褒美として楽しむのと比べて、天才たちは、仕事そのものがバケーションだと考えます。

違うレベルで生きる秘策

この才能を使う4つのレベルの違いが、まったく違う人生をつくることがはっきりイメージできたでしょうか？

本人が積極的に動かなければ、この4つの間を移動することはありません。

無能のレベルにいる人がいくら頑張っても普通にはなれないし、普通の人が努力しても優秀にはなれません。また、優秀な人は、どれだけ逆立ちしても天才にはなれないのです。

それは、なぜか？

頑張ってもなんともならないからです。かといって、希望がないわけではありません。

もし、無能のレベルの人が違うレベルで生きたかったら、「やっていることを変えればいい」のです。

歯科助手としては無能な人も、花屋として、デザイナーとして、あるいはカメラマンとして抜群の才能を発揮するかもしれません。自分の居場所を間違うと、人生の充実度が全然違ってきます。あなたが無能なのではなく、あなたとやっていることとの相性が悪いだけかもしれないのです。

別に「職業を変えろ」と言っているわけではありませんが、ちょっと場所を変えるだけでも、全然違ってきます。

たとえば、若くしてノーベル賞を取った山中伸弥教授は、ｉＰＳ細胞の研究者では世界トップクラスの人です。しかし、彼は、若い頃外科手術をやっていたとき、極端に要領が悪く、同僚から「邪魔なか」というあだ名をつけられていたそうです、相当落ち込んだと思いますが、そんな彼も、専門を研究に変えてから、水を得た魚のように、優秀な研究者に成長していったのです。

もし、山中教授が外科にこだわって一生懸命努力していたとすれば、本人にとっても、オペをされる患者にとっても、不幸な結果になったかもしれません。

同じような天才に、イチロー選手がいます。彼は世界的な打者ですが、まだプロになりたての頃は、ピッチャーを目指していたそうです。しかし、そこに自分の場所がないと知り、打者に転向したことによって、今の天才打者への道につながりました。彼がピッチャーにこだわっていたら、そこそこの選手で止まっていたかもしれません。

あなたがもし今、普通レベルのことをやっていたら、どれだけ努力しても優秀レベルに行けません。10年頑張っても、同じ1年を10回過ごしただけなので何の蓄積もないでしょう。

あなたの才能があるところでないと、次のレベルには行けないのです。2、3日寝なくても苦にならないぐらい楽しいことでなければ、難しいのです。

そこには、センスも必要です。それに恵まれていなければいけないのが、優秀レベルなのです。

天才レベルに興味がある人のために、説明してみましょう。

彼らは、ある時点で自分の天才性に気づきます。そして、それに磨きをかけることを何十年も全身全霊でやってきているのです。ちょっと才能があるぐらいの人が数年頑張っても、絶対に追いつけません。

彼らは、それをやることに心から喜びを感じています。それが、天才の生き方です。時には、自分の才能に振り回される人もいます。家庭崩壊したりするのは、天才性が持つ台風のようなエネルギーに、自分や家族が巻き込まれるからです。

どのレベルで生きるかを、あなたが選ぶことができる

あなたはこれまでに、無能レベル、普通レベル、優秀レベルで仕事をしている人たちを身近に見たことがあると思います。天才レベルの人は、テレビでなんとなく見たことがあるくらいでしょうか。

あなたは、この4つのどれにでもなれると私は思います。

これは、あなたの選択です。どのレベルの人生を生きるのか、あなたは選ぶことができます。

もし、自分が無能レベルで生きていると感じた人は、できるだけすぐにそこから出るべきです。

なぜなら、その仕事のやり方では、あなたもまわりも不幸にする可能性がある

からです。

多くの痛ましい事故は、無能レベルの仕事によって起きます。運転が下手なドライバー、意識が散漫な看護師、腕の悪い外科医、不器用な歯医者などは、人に危害を加える可能性があるからです。

こういう仕事についている無能レベルの人は、上手に別の仕事に転職する仕組みをつくるべきです。

あなたにも、「これだ！」という才能がきっと見つかります。それは、これまでに想像もしていなかった意外な分野かもしれません。

第3章

あなたの運命を決める「才能の原型」とは？

才能は静けさの中でつくられ、
性格は世の荒波の中でつくられる。

――ゲーテ

「才能の原型」という考え方

才能には、あなたが想像している以上に、いろんな形があります。

アメリカのセラピストで作家のキャロライン・メイスによると、その人がどんな人物になるかは、その人が持つ原型によって決まります。

立ち回りが上手な人を指して、職業が政治家ではないのに、「あの人は政治家だ」と言ったりすることがあります。

「乞食みたいにみじめな態度だった」「奴隷のように卑屈だった」「映画スターのように傲慢だけど、誰も注意しなかった」「詐欺師のようにずるい」などと言います。誰かを評するときに、「○○のようだ」という言葉は、このように日常的に使っています。それが、ここでいう原型です。

その人が持っている特質とも言えます。この特質は、1つではありません。複数の特質を持った上で、独自の性格ができあがっています。そして、その原型が表面化したとき、その性格が出てきます。

才能が上手に使われるとき、そうでないとき

すべての原型には、その人が持つすばらしい才能と、社会的に受け入れられにくいものが詰まっています。

たとえば、王様という原型を持つ人が、深い愛と公平性を持っていたら、名経営者になるでしょう。しかし、感情的にすぐに人に当たってしまうような人だと、暴君になって、社員はつらい日々を送ることになります。

修道女の原型を持つ人が心穏やかな女性なら、謙虚さ、美しさ、知性がにじみ出るような素敵な女性になります。しかし、性格が意地悪な人なら、同じ課の若い女性をいじめる陰湿なお局さまとして、君臨することになるでしょう。

まったく同じ原型を持っていたとしても、その使い方次第で、誰からも尊敬されるすばらしい人生を送ることもできるし、極悪人の人生になったりもします。

原型をどう使いこなすかが、その人の人生を決めると言っていいでしょう。

あなたの原型は何でしょう？

では、原型にはどのようなものがあるのか、見ていきましょう。

実際には、こちらに挙げたものだけでなく、何百、何千とあります。紙面の都合ですべて載せられないのが残念ですが、興味のある方は、私のホームページを見てください。

①ヒーロー

ヒーローの原型を持った人は、生まれつきパワフルなリーダーです。どんなにつらいときでも、ヒーローは文句を言いません。人を勇気づけて導くことができます。

②ヒーラー、世話を焼く人

人を癒す人、人の面倒を見る人がこの原型を持っています。医者、治療師、看護師、セラピストなどが、この原型を持っています。

③起業家

ビジネスをスタートさせていく人です。新しいアイデアを形にして突き進んでいく人が、この起業家です。新しい価値を生み出すことが上手です。

④政治家

ビジョンを示し、いろんな人たちの利害関係を上手に調整する能力に長けています。夢の部分と現実的な部分の両方を持っています。立ち回りも巧妙です。

⑤戦士

文字どおり、戦う人です。戦場だけでなく、企業、社会運動、教育者の現場などで、戦場で戦うように仕事をする人たちにも、この原型が見られます。

⑥詐欺師

ウソを言って、お金を騙し取ったり、歓心を買ったりする人のことを言います。

実際に騙さなくても、その匂いがする人はこの原型を持っています。

⑦縁の下の力持ち

人をサポートするのが大好きで、目立たない形で応援する能力がある人の原型です。出しゃばったりすることなく、さりげなくまわりに力を与えるのが上手です。

⑧裁判官

人や状況を裁きがちな人が持つ原型です。また、友人にケンカの仲裁を求められたり、公正な判断を求められる人も、この原型を持っています。

⑨検事

人の落ち度を追及することが得意な人の原型です。正論を振りかざして、相手を責めたりする人にも見られます。

⑩反逆者

権威や世界に反発することに情熱を燃やします。その反発が何も生み出さない場合と何か大きなことを成す場合があります。

⑪ギャンブラー

安定を望まず、いつも一攫千金を夢見る人の原型です。少ない労力で最大の効果を狙いますが、結果よりも途中のスリルを求めるため、すべてを失う可能性があります。

⑫放浪者

根無し草のように、フラフラする人の原型です。1カ所に留まらず、人生のプランを持たず、責任を持たないタイプの人の原型です。

⑬穀潰し、ひも、愛人

「穀潰し」とは、食べるだけで役に立たない人のことです。「ひも」は女性の、

「愛人」は男性の経済力に依存して、何もしない人の原型です。

⑭みなし子

両親にかまってもらえず、誰にも庇護されていない人の原型です。頼る人がいないで、一人ぼっちの生き方をしている人に見られます。

⑮王様

毅然とした態度で、人の尊敬を集める人の原型です。何も言わなくても、権威的な雰囲気を持ち、パワーで人を圧倒するタイプです。

⑯女王

王様と同じく、凛とした態度で、権威を保ちます。その美しさ、知性で、自然と人々から一目置かれたり、尊敬を集める女性の原型です。

⑰発明家

アイデアが豊富で、人が思いつかないようなクリエイティブなアイデアを出せる人です。そのアイデアによって、たくさんの人が利益を得ます。

⑱職人

物をつくるのが、得意な人の原型です。実際の物づくりだけでなく、完璧を目指して何事にも手を抜かない気質の人を言います。

⑲アーティスト

すべてを芸術的感性でとらえて生きる人がこれに当てはまります。彼らにかかると、生み出す作品だけでなく、考え方、生き方のすべてがアートになります。

⑳コネクター

彼らは、人と人を結びつけるのが大好きで上手な人です。この原型を持つ人がいると、あっという間に初対面の人同士が親しい友人に変わっていきます。

㉑商売人

何でもビジネスに結びつけるのが得意な人の原型です。何をやっても、どこに行っても、お金をどうやって儲けるかをつねに考えています。

㉒学者

世の中で起きることを、すべて学問としてとらえる人です。学ぶこと、研究することが第一の関心事で、世の中や他の人間に関心がありません。

㉓教師

人に何かを教えることに情熱を持つ人が、この原型を持っています。彼らは、上手に相手に知識や知恵を与えることができます。

㉔いじめっ子

いじめっ子というのも、原型です。人を暴力的に攻撃したり、いじめのような陰湿な行為をするタイプがこの原型を持っています。

㉕いじめられっ子

グループに属すると、なぜかスケープゴートにされてしまう人です。そのグループにあふれている暴力的なエネルギーを一身に集めることで、まわりを癒すタイプです。

㉖マリア様

マリア様のように、大きな愛や慈悲を持つ人の原型です。見返りを求めず、献身的に尽くすタイプの人がこの原型を持っています。

㉗引きこもり

世間から引きこもっている人が、この原型を持っています。家から一歩も出ないというだけでなく、誰とも付き合わないで隠遁生活を送る人もこのタイプです。

㉘貢ぐ人

相手の歓心を買うために、精神的、物質的、金銭的に相手に与え続ける人が持っている原型です。たいていは、相手にいいように利用されます。

㉙迷い人

このタイプの人は、人生に迷っています。行き先もわからず、不安な日々を送っています。何を決めるにも時間がかかり、何も決めようとしません。

㉚革命家

目の前の体制に不満を持ち、現体制を破壊、あるいは改革することに情熱を燃やします。壊すことにエネルギーがいっているので、構築することは苦手です。

すべての人が、複数の原型を持っている

ざっと見てきましたが、いかがでしたか?

きっと、あなたの原型もいくつか混じっていたのではないかと思います。

どんな人にも、1つだけでなく、何十もの原型を持っていますが、主要な原型はせいぜい10ぐらいです。

その組み合わせによって、あなたの性格ができあがります。

挑戦者、革命家、商売人の原型を持っていたとしたら、その業界でみんなが驚くような新製品、サービスを提供し続けて、利益を上げるでしょう。性格もパワフルで、クリエイティブな人になっているはずです。

私のまわりには、アーティスト、政治家、教育者からフリーターの人たちまでいろいろいますが、持っている原型を使いこなせば使いこなすほど、人生の幅が出てくると思います。

「人間の原型」リスト(一部)

Addict	中毒者
Advocate	主唱者
Alchemist	錬金術師
Angel	天使
Artist	**アーティスト**
Athlete	アスリート
Avenger	復讐者
Begger	こじき
Bully	**いじめっ子**
Child	子供
Child：Divine	神の子
Child：Eternal	永遠の子
Child：Magical	魔法の子
Child：Nature	自然の子
Child：Orpha	**孤児、みなし子**
Child：Wounded	傷ついた子
Companion	仲間
Damsel	乙女
Destroyer	破壊者
Detective	探偵
Dilettante	芸術愛好家
Don Juan	女たらし
Engineer	技術者
Exorcist	悪魔祓いの祈祷師
Father	父
Femme Fatale	魔性の女
Fool	ばか、道化師
Gambler	**ギャンブラー**
God	神
Goddess	女神
Gossip	ゴシップ好きな人
Guide	案内人
Healer	**ヒーラー**
Hedonist	快楽主義者
Hermit	世捨て人
Hero/Heroine	**ヒーロー、ヒロイン**
Judge	**裁判官**
King	**王様**
Knight	騎士
Liberator	解放者
Lover	愛する人
Martyr	殉教者
Mediator	仲裁人
Mentor	メンター(良き指導者)
Messiah	救世主
Midas/Miser	ミダス王/欲ばり者

※Midas：手に触れるものを金に変えられる力を与えられたギリシャ神話の王様

Monk/Nun	修道士、修道女
Mother	母
Mystic	神秘主義者
Networker	ネットワーカー
Pioneer	開拓者
Poet	詩人
Priest	聖職者
Prince	王子
Prostitute	娼婦
Queen	**女王**
Rebel	**反逆者**
Rescuer	救助者
Saboteur	破壊行為をする人
Samaritan	情け深い人
Scribe	筆記者
Seeker	探求者
Servant	召使い
Shape-Shifter	姿・形を変えられる人
Slave	奴隷
Storyteller	ストーリーテラー(語り部)
Student	生徒(弟子)
Teacher	教師
Chief	チーフ(グループのリーダー)
Trickster	**詐欺師、ペテン師**
Vampire	吸血鬼
Victim	犠牲者
Virgin	処女
Visionary	ヴィジョンを持つ者
Warrior	**戦士**

太字・アミカケのものは、本書で解説したものです。
日本語訳は本田健によるものです。

『Archetype Cards』(Caroline Myss 著)より抜粋

原型自体には、いい悪いはない

原型の話をすると、「いい原型、悪い原型ってあるんですか？」と聞かれることがあります。原型自体に、いい悪いはありません。

その原型をどう使うかです。

ひと言でいうと、「FOR ME」か、「FOR YOU」の違いともいえます。「FOR ME」で自分のエゴのために使うと、本人もまわりも不幸にする可能性が大です。でも、「FOR YOU」として人のために使うことができたら、本人もまわりも幸せになれるのです。

中には、詐欺師、泥棒などの一見ネガティブな原型を持っている人もいます。それを他の才能とかけ算して上手に使うことで、ポジティブな人生をつくり出すことができます。

たとえば、詐欺師の才能とカウンセラーの才能を使って、「幸せな偽りの幻想」を見せてあげることによって、患者さんをウツ状態から抜け出させるのが上手なドクターがいます。まさしくその才能を使っているのです。

あなたの「才能の原型」を見つける4つの質問

質問1 自己紹介のとき、あなたは自分のことを「どんな人」だと伝えますか？（例：経営者、クリエイター、カウンセラー、営業マン、OL、主婦など）

質問2 あなたの、まるで「○○のようだ」に当てはまるものは何ですか？　今までにまわりの人に言われたことや、自分で思いつくものを書き出してください。

質問3 誰のどんなところを見たときに、「すごい」と感じますか？
そこに、何の才能の原型を見ているでしょうか？

質問4 特にがんばったわけでもないのに自然と上手にできたことや、まわりからよくほめられることは何ですか？
そこには、どんな才能の原型があると思いますか？

正反対の原型が同居していることもある

興味深いことに、同じ人が正反対の原型を持っていることもあります。

たとえば、王様の原型を持っている人が、同時に乞食の原型を持っていると、まわりは困惑します。

ちょっと前まで威厳を持って語っていたのに、急に卑屈になったり、みすぼらしい感じに変わるからです。洋服は変わらないのに、さっきまでの威厳や堂々とした態度がなくなって、〝イケてない〟オーラ全開の人物に変わるのです。

そういうとき、人は違和感を持つので、上司がそういう人の場合には、「もっと威厳を持ってくださいよ」とイライラしながらお願いすることになります。

女性でも、女優の原型とコメディアンの原型が入っていたりする場合があります。すごく美人で素敵なのだから、わざわざお笑い路線にいかなくてもいいのにと思うような有名女優がいます。彼女はそれが地なので、抑えることが難しいのです。でも、そのコメディアン的才能が自然に出れば、それもまた彼女の魅力として、これまでよりも人気が出たりするのが、人生のおもしろいところです。

どの原型を中心に据えるかで、人生は違うものになる

どの原型をあなたの中心に据えるのかで、人生はまったく違ってきます。

たとえば、私の中には、哲学者とコメディアンが同居しています。

人生について1000人の前で講演しているとき、どうしてもおもしろいことを言いたくなってムズムズしてきます。真面目な作家の講演を期待してきた人は、最初すごくびっくりするようです。講演会のアンケートを見ると、コメディアンの自分がたくさん出てきたときは、「めちゃくちゃおもしろかったです。久しぶりにこんなに笑いました！」と書かれています。

哲学者の自分が話しているときには、「深かったです。健さんがこんなに深い人物だとは思いませんでした。これからじっくり自分と向き合います」なんていうことが書かれています。

たぶん、このアンケートを書いた2人がお茶でもして、本田健の講演会について話したとしたら、まったく別人の講演会に行ったような気分がするでしょう。

意識しているわけではありませんが、資本主義やお金の未来を語るときには、予言者の原型が出てきますし、教育について語るときは、教育者の原型が出てきます。ビジネス、マーケティングについて語るときは、関西の商売人の原型、生き方について語るときには、宗教家、哲学者の原型が色濃く出ている自分に気づきます。

あなたも、先ほどの原型を見てきて、戦士の自分が出てきたり、哲学者が出てきたり、商売人が出てきたり、いろいろあるなぁと思ったのではないでしょうか。仕事では真面目一辺倒の人も、お酒が入ったらおもしろくなったりするのは、この原型をシチュエーションで分けて使っているからです。

どの原型が全面に出るかは、年代とともに変わっていく

原型を見ていておもしろいのは、同じ人でも、ごく小さい頃と、10代のとき、そして、20代、30代、40代、50代、60代、70代で、その人の主要な原型が変わっていくことです。

あなたの才能の原型の種類は？

すべての人が複数の原型を持っています。そして、どの原型を中心に据えるかで、その人の人生はまったく違うものになります。p.109と p.111を参考に、自分の核となる原型を中心の円に書き込んでください。また、その周辺にはこれから発揮したい才能の原型を書き込んでください。

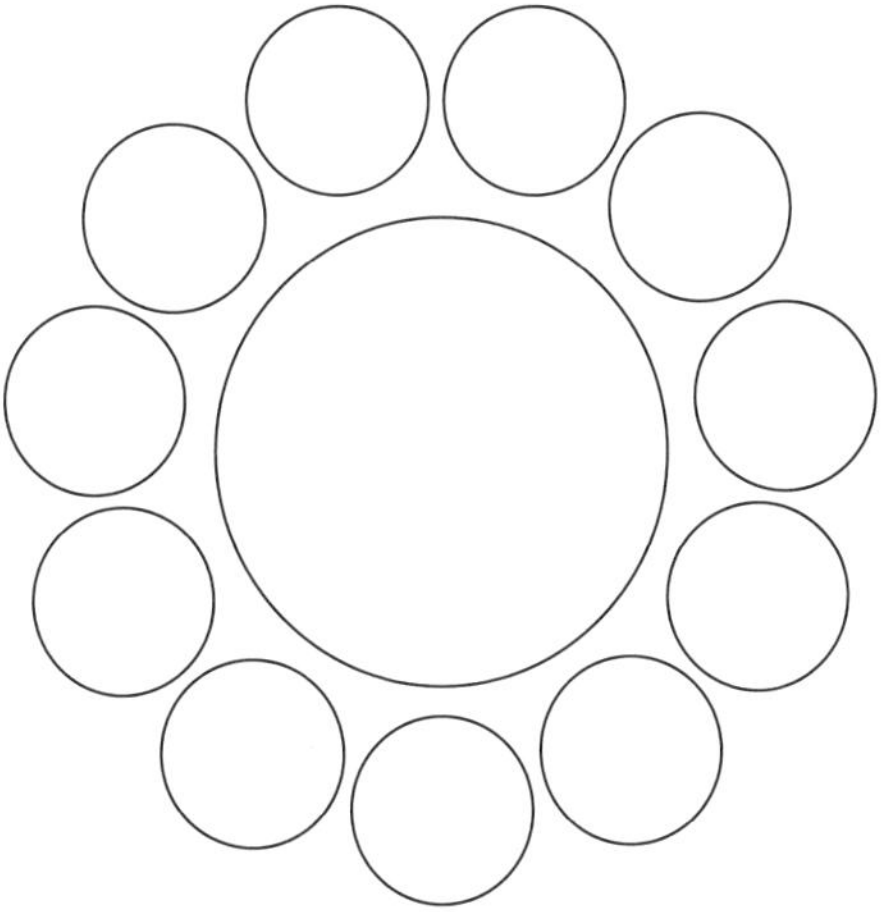

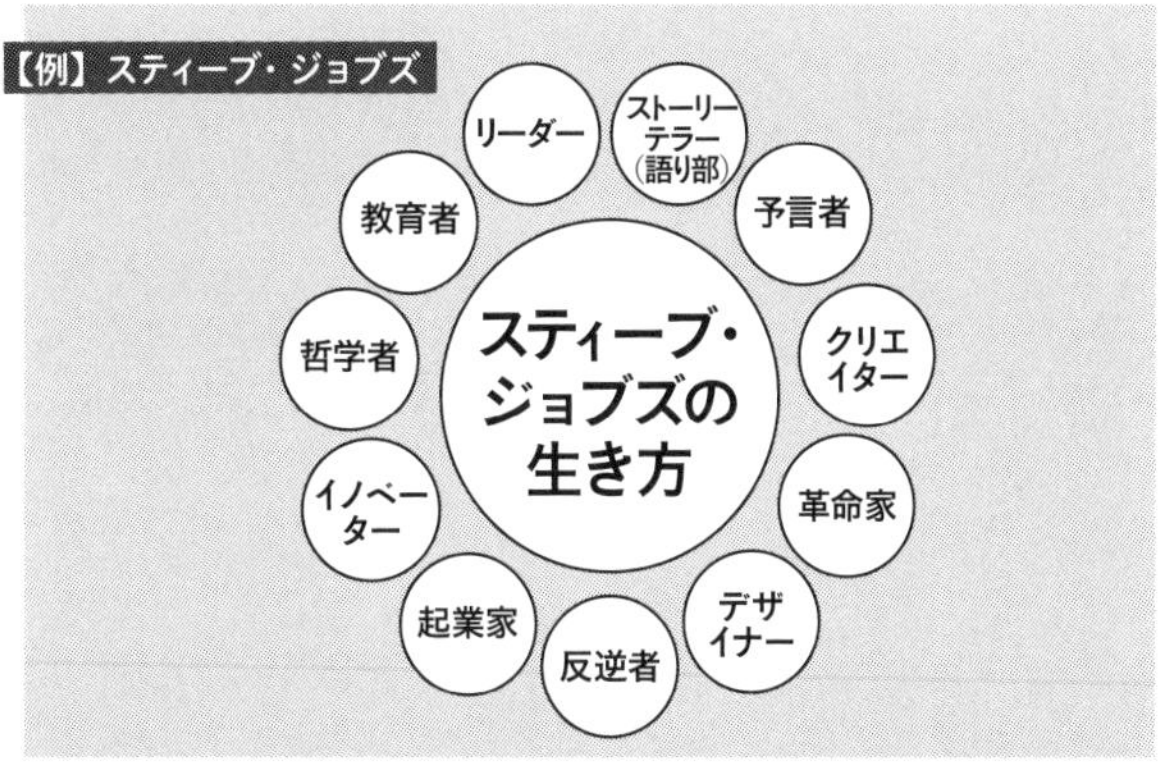

そのときに一番現れている原型が「あなたの性格だ」と、あなたも、あなたの両親や兄弟姉妹、友人たちも思っているはずです。

たとえば、10代の前半は、冗談ばっかり言っていてコメディアンの原型が中心だったのに、後半は迷い人の原型が、そして20代は打って変わって商売人の原型、50代からは教育者の原型が出てきたりします。それぞれ性格的には、全然違う人物です。年がいくにつれ、別の原型が主役に躍り出るケースだと言えるでしょう。中学や高校、大学に入って、性格がガラッと変わったように見える人が出てくるのは、そういうわけなのです。

あなたも、知らないうちにキャラクターチェンジしたかもしれません。小学校では真面目だったのに、中学からおどけてコメディアンとして一躍クラスの人気者になり、高校では暗い人間に、そして大学ではリーダーになって、部活動を楽しんだという人はごく普通にいます。

私は、『17のこと』シリーズを書いているとき、10代から80代までの人たちをインタビューする機会がありました。そのときに、いろんなことを聞きます。たとえば、「どんな友達がいましたか?」「お金の使い方で悪い影響を友達から受けましたか？」などです。そのときに、「あなたの性格は、小さい頃から変わったと思いますか？」と聞いたところ、「変わった」という人がたくさんいました。

おもしろいのは、積極的に変えた人より、自然に変わったという人のほうが多かったことです。まるでプログラミングが先にあって、原型が自動的に変わっていったかのようです。

自分の才能を認識していくためのプロセス

ここからは、自分の才能をいろんな角度から見て、自分で認識できるようにするプロセスをご紹介していくことにしましょう。

1つずつワークをやりながら、「ひょっとして、これって自分の才能かも⁉」というものが出てくるかを調べてみてください。多くの人はあまりにも簡単に、「自分には才能なんてない」と断定しすぎています。自分のハートに眠る金鉱を探すような気分で、可能性を探ってみてください。

「幸せの源泉」という考え方

「幸せの源泉」という考え方は、以前に私の著書『「ライフワーク」で豊かに生きる』で紹介しました。

幸せの源泉とは、それをやっているだけで幸せになれる活動です。あなたの才能を見つける最初のステップが、この「幸せの源泉」を見つけるという作業です。

あなたは、どんなときに幸せや喜びを感じますか？

幸せの源泉のまわりにあるのが、その人の才能です。自然とやってしまうぐらい楽しいこと、あなたに深い喜びをもたらすもののことです。

あなたの中に眠る才能の方向性は？

才能を発見するためには、自分の才能がどのあたりにあるかをはっきり知る必要があります。

たとえば、何かモノをつくるのが得意で、何かつくっていたら時間が経つのも忘れてしまうという人は、明らかに「物づくり」の才能があります。新しい人と会って話をすることが好きで、時間があればパーティーや講演会に参加しているという人は、「コミュニケーション」の才能があります。

興味深いのは、友人の才能が何かはすぐわかっても、自分が持っている才能にはなかなか気がつきにくいということです。意識しなくてもできることは、自分にとってあまりにも当たり前になっているからなのでしょう。

たとえば、料理の才能がある人は、冷蔵庫にあるもので、さっと料理をつくることができます。自分がこんなに簡単につくれるんだから、「あまりたいしたことじゃない」とか、「他の人も同じようにできるはずだ」と感じてしまいがちです。誰かに「料理の才能があるね」と言われて初めて、自分の才能に気がついたりするのです。

才能を見つけるためには、あなたの中に眠る、そういう才能に光を当てる必要があります。

あなたの才能を生かす形とは？

私は個人カウンセリングなどを通して、多くの方の特性を見てきました。

その経験からいえば、その人が「えっ！　私にそんな才能があるんですか⁉」とびっくりしたり、「そんな才能なんて、絶対ありませんよ！」と否定したくなるようなものほど、あとになって当たっていたということが多いように感じます。

それほど、自分の才能は自分ではわかりにくいものなのです。

自分の才能に関して、身近な友人、家族に話して、どう思うか聞いてみることをおすすめします。あなたは納得できなくても、意外とまわりの人は、ちゃんとあなたの才能を見抜いていたりするものです。

次に、「才能を生かす仕事の形」について見ていきましょう。

自分の才能が見えてきたら、今度は、その才能を生かした活動を探すことが大切になります。

多くの人が、なんらかの才能を見いだしたとしても、それを自分1人ですることしか考えません。たとえば、自分には物をつくる才能があると気がついたら、職人になればいいんだとしか考えないのです。

あなたの才能が物づくりにあったとしても、ど真ん中のことではなく、その才能の特性に関連するあらゆる活動を視野に入れると、選択肢がぐんと広がっていきます。あなたの才能の周囲には、その才能を発揮できる仕事があることが多いからです。

では、「周囲にある活動」とは、どのような活動でしょうか？

私が考える仕事の形は、10個あります。

前作『大好きなことをやって生きよう！』では、10個の形を簡単に紹介しただけでしたので、今回は、各タイプのより詳しい特徴や具体的な仕事の例も紹介したいと思います。

①好きなことを「する」

自分の才能を、そのまま生かして仕事にすることです。

パンをつくることが好きだと気づいたら、パン職人になることで、好きなことを仕事にすることができます。自分が好きなことをそのまま仕事にすれば、成功しやすいといえるでしょう。その仕事では、自分の才能を表現しやすく、楽しみながらやれるからです。

しかし、自分の特性をそのまま仕事にするからといって、簡単というわけではありません。

これからお話しする他の才能を組み合わせる方法と違い、1つの才能で勝負するには、その才能に相当な磨きをかけなければならない場合が多いからです。

②好きなことを「書く」

あなたが好きなことに対する魅力や、そのエッセンスなどを本や記事にすることです。それによって、そのもの自身のファンを増やすだけでなく、同じ才能を持っている人に、自分の才能に気づいてもらうことができます。

パンをつくる才能がある人は、自分のパンづくりについて本を書いたり、ちょっとしたレシピや工夫を記事にする仕事ができるでしょう。

すると、あなたが見いだしたパンづくりの楽しさについて詳しく知りたいと思っている人を喜ばせることができます。

フェイスブック、ブログ、メルマガなどでそれを分かち合うことで、あなたのファンは増えていきます。

③好きなことを「人に話す」

これは、話す才能とのかけ合わせです。具体的には、大好きなテーマで講演したり、好きなものやサービスを説明して売るなどの形があります。

先ほどの「書く」との違いは、直接あなたの情熱を伝えることができる点です。文字を追うのと違って、直接聞く相手は違った魅力を受け取ります。

パンをつくる才能がある人は、大好きなパンづくりについて講演することができます。シェフや料理人で、料理の魅力について人前で講演する人は数多くいます。

大好きなことをやって活躍している人の話を聞きたいという人は、あなたが思うより多いのです。

④好きなことを「グッズにする」

好きなことを直接形にするのではなく、好きなことを「グッズ」にすることも、仕事の形の1つです。

キャラクター商品やアクセサリーをつくったり、その仕事をする人が欲しくなるような道具をつくったりすることなどがその例です。

パンづくりの例でいえば、パンをつくるときに使う、便利な道具やおしゃれな小物を企画することが考えられます。自分でパンをつくっていると、「もっとこんな道具があれば便利なのに……」と思うことがあるでしょう。そのアイデアを自分のオリジナル商品として企画・製造すれば、同じ不満を持つ人から快く迎えられることでしょう。

⑤好きなものを「売る」

自分で物をつくって提供するのではなく、他の人がつくった自分のお気に入りの物を仕入れて、人に販売することもできます。自分が大好きなものを人に勧めるわけですから、情熱的になれます。

実はお客さん側も、その商品に思い入れがある人から買いたいはずなので、この組み合わせは最高です。

パンの例でいえば、自分が見込んだパンを仕入れて、販売に特化することです。パンをつくる代わりに、商品のディスプレイやお客さんへの説明に時間をかけることができます。自分が気に入ったものをお客さんにも気に入ってもらえたら、最高の気分になるでしょう。

⑥好きなことを「広める」

自分が好きなことを、あらゆる手段を使って知らせたり、体験してもらう活動をすることです。ＰＲやマーケティングの才能を持つ人には、自分でつくることと同じぐらい楽しい活動になるでしょう。

パンづくりの楽しさを、より多くの人に体験してもらう仕組みをつくるには、たくさんの方法があります。学校に働きかけて、授業の中に組み込んでもらっても良いかもしれません。

また、家でパンを焼くことを、さらに広めることだってできます。テレビ局や雑誌社などとチームで取り組めば、トレンドを創り出すことさえ可能でしょう。

⑦好きなことを「教える」

大好きなことをやる中で、自分が培ったノウハウや手順を人に教えることです。どんなことにも細かいノウハウがあります。そして、それを教えてほしいと思っている人がいるものです。その声に応えて、教室を開いたり、講師として教えることを仕事にすることができます。

パンづくりの例でいえば、パン教室を開くことはその1つでしょう。自分で教室を構えなくても、パンづくりの講師として生徒の家を訪問して教えることもできます。パンづくりの方法を集中的にマスターしたい人にとっては、自分の家で一緒にパンをつくりながら教えてもらうのが最も効果的だからです。

⑧好きなことを「組み合わせる」

自分が好きなことに、他の人の好きなことを組み合わせることで、新たなものを生み出せます。パンを提供するだけでは魅力が不十分でも、他の料理と組み合わせることで、パンの魅力が高まることがあります。

料理がすばらしくても、一緒に出てくるパンが普通でがっかりしたという経験がありませんか？　人はなかなか複数のことには手が回りません。

たとえば、パン以外の料理をつくるのが大好きな人と、一緒にコース料理を提供すると、料理全体の価値が高まり、関わる人全員が幸せになれます。

⑨好きなことをやっている人を「プロデュースする」

自分と同じように、好きなことをして成功したいと考える人をサポートし、社会に送り出すことです。あなたのこれまでの経験は、同じ分野で独立したいという人の役に立ちます。

また、人は自分と同じことをしている人を応援したくなるものです。いつの間にか、それがライフワークになる人もいるぐらいです。

パンに関する経験を積んでいけば、独立してパン屋を開業したいという人をサポートすることができるようになるでしょう。パンづくりから出店までのあらゆる相談に乗ってくれる人がいたら、とても便利だからです。

⑩好きなことをやっている人に「サービスを提供する」

自分と同じ好きなことをする人に、その人が欲しがるサービスを提供することです。

自分も大好きなことなので、「かゆいところに手が届く」サービスを提供することができるはずです。そして、一緒になって夢を実現する気持ちになれるでしょう。

パンの例でいえば、パン屋を経営する人をお手伝いすることがその一例です。また、パンの材料や機材の調達面でサービスを提供することもできるでしょう。お客さんに提供されるパンは、あなたのサービスも含めて提供されています。

このように、好きなことの周辺も含めると、あなたの特性や才能を生かしてできる仕事は、たくさんあることがわかります。好きなことを仕事にすることを考える場合には、できるだけ可能性を広げて考えることが大切なのです。

才能を生かす10個の仕事の形

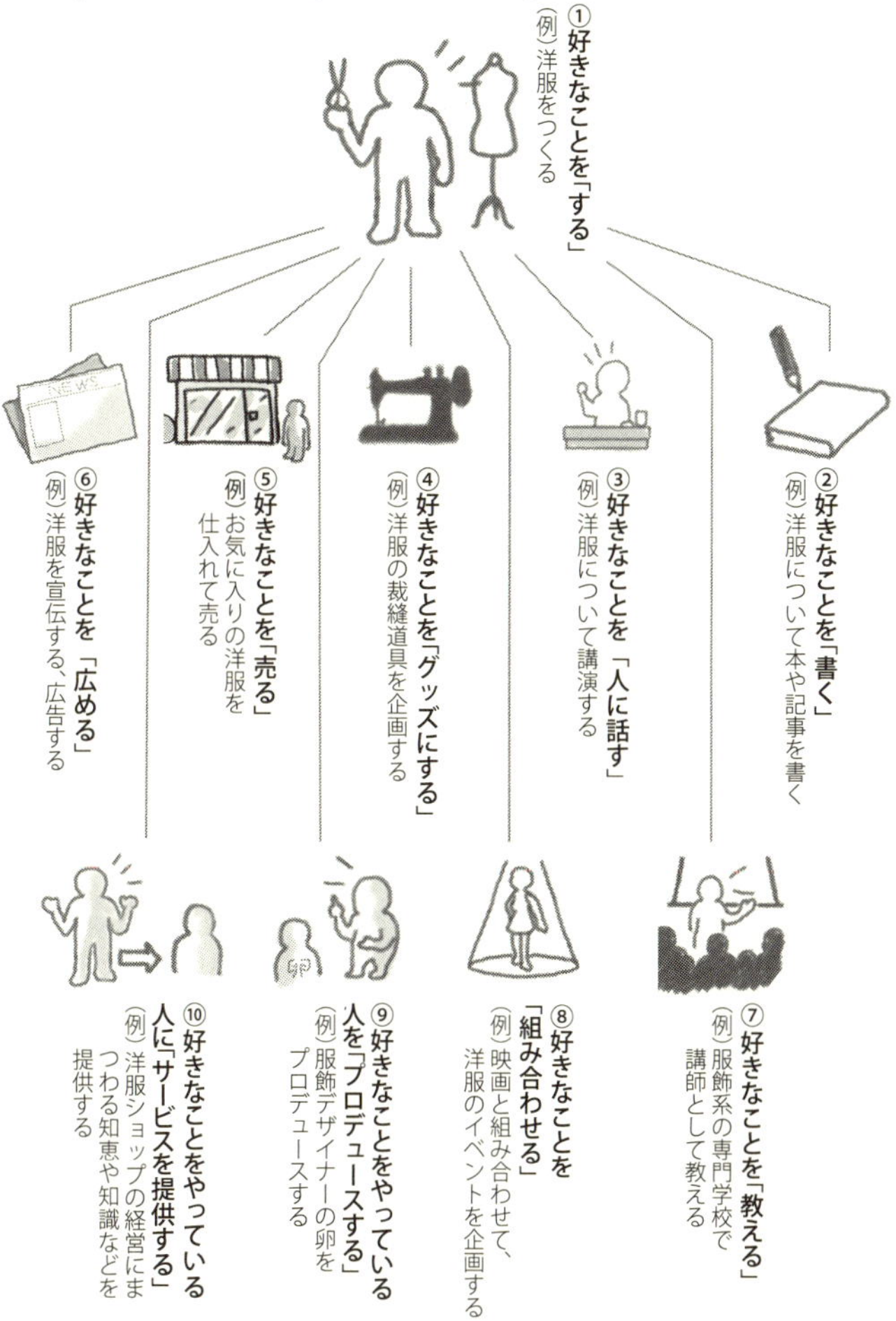

才能を人と分かち合う

自分の才能をはっきり知ることができれば、好きなことで成功する道のりを半分まで進んできたことになります。

残りの半分は、あなたの才能を具体的な形にした上で、人と分かち合うことが必要になります。

お金は、あなたが才能を人と分かち合った結果として得られます。

どんなにすばらしい才能を持っていても、それを人と分かち合わない限り、お金が得られることは絶対にありません。

ここでは、あなたの才能をベースに、それを現実の世界でお金に換えるポイントについてお話ししましょう。

自分の才能をパッケージ化してみよう！

才能を活かすためには10個の仕事の形があり、その組み合わせ(パッケージング）によって、職業も変わってきます。あなたの才能にどんなパッケージ化の可能性があるのかを確かめるために、例に従って下の空欄を埋めてください。

好きなことをする **（例）人と人をつなげる、紹介する**		
書く 紹介時のポイントやコツについて書く。	**話す** 感謝される紹介の仕方について話す。	**グッズにする** 紹介しやすくするためのツールを開発する。
売る 有料で人材の紹介を行なう。	**広める** 相互紹介が自然発生するWEBサイトを作る。	**教える** 紹介時のコツや、紹介される方法を教える。
組み合わせる 会員制のバーで、お客さん同士をつなげる。	**プロデュース** コネクターの才能を持った人を支援する。	**サービスを提供する** 結婚相談所にサービスを提供する。

好きなことをする		
書く	**話す**	**グッズにする**
売る	**広める**	**教える**
組み合わせる	**プロデュース**	**サービスを提供する**

「豊かさの源泉」という考え方

先ほど、「幸せの源泉」という考え方を紹介しました。幸せの源泉は、あなたが幸せを感じる活動です。その活動をするだけであなたの心はワクワクし、生きているという実感を味わうことができます。

ところが、幸せの源泉は、お金とは関係ない場所にあります。

そのため、幸せの源泉に関する活動をやるだけでは、お金を手にすることができるとは限りません。

こういうと、夢見るタイプはがっかりします。しかし、残念ながら、それがこの世界の現実なのです。

だからといって、悲観することはありません。逆にそれですべてが解決しないからこそ、人生はおもしろくなってくるのです。

才能を生かして、豊かな生活を送るには、幸せの源泉とともに、「豊かさの源泉」を掘り当てる必要があります。

幸せの源泉が、それをやるだけで幸せがあふれてくるものなのに対して、豊か

才能を人と分かち合う方法

どのキャラクターで、どういう方法で、
人と分かち合えるか、イメージしてみよう。

あなたのキャラクターはどれ？

アーティスト ●常識を超えたものをつくる ●自分らしさを表現する	管理者 ●物事をしっかり管理する ●安定、バランスをもたらす	リーダー ●人を導く ●人をまとめる
クリエーター ●新しい発想を生み出す ●新しいものをつくることに喜びを感じる	ヒーロー ●人に希望を与える ●平和を願い、勇気を示す	哲学者 ●人生の知恵を探究する ●新しい視点を見つける
開拓者 ●新しい分野を見つけ、切り開く ●拡大・拡張をもたらす	ヒーラー ●人の心と身体を癒す ●人を元気にし、安心させる	エンターテイナー ●人を楽しませる ●人の感情を癒す
教育者 ●知恵がある ●人の才能を引き出す	サポーター ●人の手助けをする ●人の相談に乗る	変革者 ●世の中の常識を変える ●古いものを壊し、新しい世界を生み出す

どんな方法で分かち合うか？

物をつくる (例)アーティスト、職人、作家、歌手、開発者	情報を提供する (例)情報起業家、記者、キャスター、アナリスト	元気づける (例)ヒーラー、コーチ、スポーツ選手
物を売る (例)セールスマン、販売員、ディーラー、マネキン	問題解決をする (例)コンサルタント、医者、弁護士、美容相談員	アイデアを出す (例)発明家、企画製作者、コピーライター
仲介する (例)不動産、派遣会社経営、エージェント	サポートする (例)看護師、秘書、コーチ	整理する (例)経理、収納アドバイザー、秘書
まとめる(調整する) (例)編集者、ツアーコンダクター、マネージャー	プロデュースする (例)プロデューサー、広告業	教える (例)教員、インストラクター、講師、コンサルタント

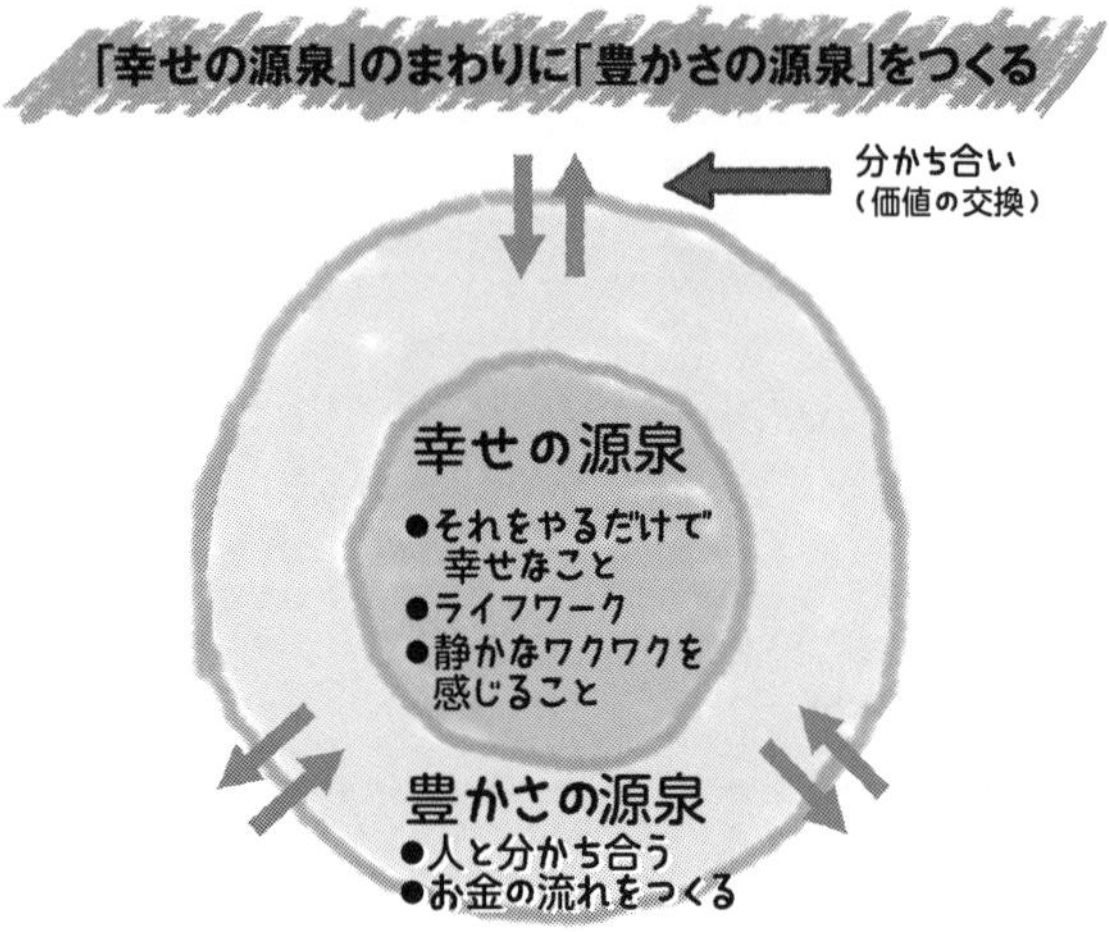

さの源泉とは、「それをやるだけで、経済的に豊かになってしまうもの」です。

ライフワークを充実させるためには、「幸せの源泉」と「豊かさの源泉」の2つを掘り当てることが必要なのです。

幸せの源泉を放っておいて、お金のために新たに豊かさの源泉を掘りなさいといっているわけではありません。

図のように、これまであなたが探してきた幸せの源泉のまわりに豊かさの源泉を掘ることです。

幸せの源泉からは、あなたの幸せや静かなワクワク感が自然にあふれ出します。

そのまわりに豊かさの源泉をつくることによって、あなたからあふれ出る幸せを人と分かち合い、経済的な豊かさを実現することができるのです。

この幸せの源泉（ハッピーポイント）と豊かさの源泉（キャッシュポイント）の2つが重なるところが、ライフワーク（インスピレーションポイント）です。

このインスピレーションポイントを掘り当てることができたら、あなたは一生、お金に困ることはありません。

本書は、先に「幸せの源泉」をどう掘るのかをテーマにしています。

豊かさの源泉をどう掘るのかという、「才能をお金に換える技術」については、次回作であますところなくお伝えします。

第4章

ネガティブな感情を使って才能を見つける方法

己の立てるところを深く掘れ、
そこには必ず泉あらむ。

――高山樗牛

感情は、才能が埋まっている地層を揺らす

「才能と感情って、何か関係があるの？」と思った人も多いでしょう。

私が才能について真剣に研究し始めたのは、今から30年前にさかのぼります。せっかく才能があっても、感情的に安定していないためにチャンスを失った人を見たことがきっかけです。

そのときから感情と才能の関係を見てきましたが、感情を上手に使える人は、人生がうまくいくし、感情に振り回される人は、ストレスの多い人生になってしまうことに気づきました。感情は、良くも悪くも、その人の幸せを決定する大きな要因なのです。

才能を見つけて磨いていく過程でも、感情とどう付き合うかは、大切になってきます。

たとえば、才能らしきものを見つけても、「どうせ自分にはたいした才能はない」とあきらめが出てきます。それに負けてしまうのか、これは一時的な感情だ

からもう少し前に進んでみようと思うかで、その後が違ってきます。

ふだん感情を抑圧して生きていると、プラスの感情も感じられなくなります。悲しみを感じなくてすむプラス面もありますが、「すごくワクワクする！」とか、「うれしい。これって最高だ!!」という感情も、今一つピンとこなくなってしまいます。

私の講演会の質問タイムで、「感情を感じるには、どうすればいいですか？」と聞いてくる人がいます。そういう人は、ごく小さい頃に自分の感情を切り離してしまっています。自分を守るために心をマヒさせて生きる習慣を身につけたせいで、ロボットのようになってしまった可能性があります。これを読んでドキッとした人も多いかもしれません。

その場合、まず、心のリハビリからスタートすることをおすすめします。たとえば、「朝起きたときに、楽しいことを考える」「好きなものをお昼に食べる」「人とポジティブな会話をしてみる」「わざと失礼に振る舞ってみる」。そんなことをやっていくうちに、眠っていた感情がゆっくりとよみがえってきます。

そして、才能を見つけようと思ったときから、いろいろな感情が複雑に入り交じって出てくるようになります。「自分には無理だ」という絶望感、「自分には何の価値もない」という無価値感、イライラ、ワクワク、うれしい、悲しいなど、1日の間に、たくさんの感情があなたを揺さぶるでしょう。

普通は、あまり感情的になるのはよくないと考えられていますが、才能を見つけるという観点から見れば、すばらしいことです。なぜなら、感情が地震のようにあなたを揺らして、地殻変動が起きるようなものだからです。

才能は、ネガティブな感情を引き出す

才能さえ見つかれば、人生がバラ色になると思ったら大間違いです。なぜなら、才能があるところには、必ずネガティブな感情も一緒にくっついているからです。「これでは不十分だ」という思いがいろいろな感情をかき立てるからです。

たとえば、美しくて、人に美意識を感じさせる才能がある女性の多くは、人に見られることが嫌いです。自分の欠点ばかり目につき、きれいだとも思えないのです。

また、歌う才能がある人は、やはり自分の歌のあら探しをするので、なかなか人前で歌えなかったりします。文章を書く才能がある人は、書かないか、書いても人には絶対に見せません。絵を描いたり、造形作品をつくる才能がある人も、その才能を使わないでいることが多いのです。

料理が得意な人も、適当なものしかつくっていないかもしれません。

その結果、ドラムセット、ギター、イーゼル、原稿用紙、調理器具などが、何年も使われないまま実家の押し入れに眠っていたりします。

単純な人は、「好きなら、やればいいじゃないの」と思うかもしれません。しかし、自分の才能が何かを知っていて、止まってしまった人の心の中には複雑なものがあります。

なぜ、彼らがそれを自分に許さなかったり、人とその才能を分かち合わなかったかというと、それが本人にとって死ぬほど大切な世界だからです。中途半端に関わりたくないし、そこに無神経な他人を入れたくないのです。その美意識と感情が、大好きなことを止めています。

才能は、その人のポジティブ、ネガティブ、両方の感情を引き出します。まわりから歌うことや絵を描くこと、人前で話したり、料理することを勧められて、怒ったことがある人は、みんなこのメカニズムのせいです。自分でも、「なんで怒っているんだろう?」と不思議に思ったことがあったかもしれません。

このように才能は、見つかりそうになると、感情がかき立てられるというサインを出します。逆に言うと、知らないうちに感情的になっている自分を見つけたら、才能の源泉に近くなってきたと考えるといいのです。

才能を発見する近道は、ネガティブな方向にある

才能を見つける上で、ポジティブなアプローチは、たくさんの本に紹介されています。

「自分がワクワクすることをやる」とか、「楽しいと思ったことをやる」「小さい頃から好きだったことをやる」というのは、理解しやすいアプローチです。

私がカウンセリングやコーチングをしていく過程で見つけたのは、ネガティブなサイドからのアプローチです。

今の世の中は、ネガティブな感情にフタをしたほうがいいと考えられています。職場でニコニコ笑うのは大丈夫ですが、号泣したとしたらどうでしょうか？

しかも、それが若い女性ならともかく、中年の男性が思いっきり泣いていたとしたら、まわりの人はどう感じるでしょう。

自分が感じるネガティブな感情にとことん向き合っていくと、自分の中に眠っている才能を見つけることができます。「何かをあきらめた」ことによって溜め込んでしまったネガティブな感情の奥に、それは隠れています。まだ、そのときの痛みが癒されていない人は、イヤな感じを持っているのです。

こうお話しすると、「悲しみとか怒り、イライラの感情に今さら向き合いたくないなぁ」と思われる人も多いでしょう。

しかし、自分の中にある闇と向き合うことで、光に向かえるのです。

世界は、「陰」と「陽」でできています。自分が持つ光にアクセスするためには、最も闇のところに行く必要があります。といっても、ものすごく苦しいところに行かなければいけないわけではありませんし、後々きっとその体験が生きてきます。

苦しいときに、「才能を開花させるエネルギー」が貯まる

もし今、あなたが苦しく感じているのであれば、それはすばらしいことです。なぜなら、将来自分が才能を発揮して生きていくための情熱を貯め込んでいるからです。萩本欽一さんの言葉を借りると、「ダメなときほど運はたまる」ので、今うまくいかないことが、未来のすばらしいことにつながっていくのです。

もし今、つらい状況にある人は、今、ちょうど才能に向かってまっしぐら、最短距離で向かっていると考えてみましょう。

左遷されたり、リストラされたり、上司や会社に評価されてないときこそ、エネルギーが貯まっているときです。

物事が自分の思いどおりにいかず苦しいときに初めて、私たちは自分の中にある闇と向かい合うことになります。

でも、それから逃げずに向かい合って、自分にとって何が大事なのかを見極め、もうそれをあきらめたくないと強く思うとき、隠れていた才能がものすごい勢い

で出てくることになります。

絶望や苦しみは、その光に向かって一気に進む直前の兆候なのです。

それと同時に、自分の傲慢な部分や一発当ててやろうという我欲など、自分のあらゆる闇の側面が全部表面化してきます。

才能は、こうした自分の感情の地殻変動が起きたときに現れてくれるのです。

人生の分かれ道にさしかかったときは、怖れや疑いがある道こそが、あなたが進むべき道といえます。

才能は、イライラしたときに見つかる

才能は、たいていは、あなたの想定外のところで見つかります。

私の友人の吉島智美さんは整理整頓のプロです。彼女は、学生時代に友人の部屋に遊びに行ったとき、いつもイライラしていたそうです。それは、部屋が散らかっていて、気持ちが悪かったからだそうです。「もっと、整理したら住みやすくなるのに」といって片付けてあげたら、すごく感謝されたと彼女は言います。

そういうことが何度もあって、それが自分の才能だったことに気づきます。今で

は、著書を数冊出し、日本プロフェッショナル・オーガナイザー協会の理事長として、たくさんの人を指導するまでになっています。

レストランに食事に行って、ぬるい温度で運ばれてきたスープが許せなかったり、塩の加減や麺のゆで方にイライラしたとしたら、それは、あなたに料理の才能があるからです。味覚音痴の人は、何も考えずにニコニコして食べているはずです。

本を書く才能のある人は、本を読んでいるときに、イライラするでしょう。なんか気持ち悪いなと思ったり、内容が薄いなぁと感じているかもしれません。それは、あなたに文章を書く、何かをまとめる才能があるからです。

その才能がなければ、イライラなんてしません。

このように、自分が日常的にどういうところでイライラするのだろうと探ってみることをおすすめします。自分のイライラポイントが、才能の発見ポイントでもあるのです。

才能は、叱られたことの周辺にある

才能は、叱られたときにも見つかります。

私の講演会で、アンケートがてら聞いてみたところ、叱られたことのトップ3は、「じっとしていなさい」「静かにしていなさい」「おしゃべりをやめなさい」というものです。あなたも、そんなことを言われたかもしれません。

しかし、これを別の角度から見たら、あなたの才能でもあるのです。

「じっとしていなさい」というのは、あなたがいつも動き回っていたからでしょう。そんなあなたは落ち着きがないというマイナスの評価をされていたに違いありません。どこかであなたも、「自分は落ち着きがなくてダメだ」と感じていたかもしれません。でも、それは、行動力があって、たえず気を動かしていく才能でもあるのです。

子供のときに抑えられないエネルギーがあった場所に、才能は眠っています。

たとえば、「もっと外に出なさい」と言われた人は、ずっと部屋に閉じこもって本を読んでいたり、絵を描いていたはずです。これが、まさしく才能なのです。

このことから、あなたには、じっくりと創作活動をする才能があることがわかります。

叱られたところは、大きな才能ポイントなのです。

あなたは、小さい頃に叱られたことがありますか？

大人になって社会に出てからでも怒られることは、その人の才能である可能性が一番高いでしょう。あなたが人に怒られたり、指摘されたりするところは、まさにあなたが才能を持っているところなのです。

「失礼なことを言うなよ」と叱られたとき、あなたには「誰に対しても、率直にものを言う」才能があることがわかります。

叱られるポイントは、世間的に見たら、やってはいけないことです。だから、逆に言えば、他人が持っていない、あなただけが持っている才能である可能性が高いわけです。

そのあり方をネガティブに感じた人が怒るのです。社会のルールから外れるぐらいすばらしい才能があることが、あなたが叱られることなのです。

才能は、落ち込んだときに見つかる

自分が落ち込んだときも、その対象が才能であることを覚えておいてください。

たとえば、作家になる才能がある人は、他のすばらしい作品を読んだら落ち込みます。作曲の才能がある人は、自分よりも才能があると思っている人の曲を聞いたら落ち込みます。料理なら、外でおいしいものを食べたら、自分はこんな味を出せないと落ち込みます。

自分が密かに自信を持っている分野で他の人のすばらしい才能に触れたとき、私たちは落ち込むのです。

あなたが落ち込むときは、どんなときですか?

それを探ってみると、才能を発見できるかもしれません。

才能は、比較の中で見えてくるものです。私たちは、無意識のうちに自分と他人を比較しています。

あの人よりも自分はイケているな、あるいはダメだななんていうことをつねに判断しているのです。自分の洋服、化粧、スタイル、容姿、社会的な地位、性格など、すべてを道行く人と比べているのです。自意識過剰な人は、その作業をすべての男性、女性とやっています。

才能にあふれた人と出会ったとき、その人が自分と同じ分野の才能を持っている場合、特にこの比較のバロメーター計の針は、大きく揺れます。そのとき、あなたの才能のありかがはっきりわかるのです。

才能は、嫉妬が出たときに見つかる

嫉妬を感じたとき、それはあなたの才能である可能性が高いのです。嫉妬は、似たものを持っている他人に対して感じるもので、あなたに同じ才能がなければ、嫉妬を感じることはありません。

たとえば、誰かが人前で上手に話をして笑いを取っている姿を見て、嫉妬の感情を持つ人がいます。その人には、間違いなく人前で話す才能があります。

演技をしたり、ダンスをして拍手喝采されている人を見たとき、ホームページのデザインを見たり、他人が描いた絵を見たとき、嫉妬を感じたとしたら、その分野にあなたの才能があります。

自分の才能と違う分野で活躍する人と会っても、あまり嫉妬は感じないはずです。嫉妬を感じたときは、そこにあなたの才能があると思ってください。

才能は、悲しくなったときに見つかる

あなたは、日常的に何かを見て、悲しくなることはありませんか?

たとえば、花屋さんに行って、花が大切にされていないのを見たとき、塾帰りの子供がつまらなそうにしているのを見たときに悲しくなったりする人がいます。そういう人は、「あんな扱いじゃ、花がかわいそうだ」「子供ならもっと楽しいことができるのに」と感じてしまうのです。

別の角度から見ると、何かが失われていると思う感性があるともいえます。つまり、そういう人には、花を大事にすることができたり、子供を楽しませる才能があるのです。その才能がない人は、花や子供を見ても絶対に悲しくなったりしません。

才能は、絶望したり、怖くなったときに見つかる

この世界は、「どうして争いや怒りでいっぱいなんだ」と、絶望してしまう人がいます。それは、彼らに平和をもたらす才能があるからです。

政治に絶望した人は、すばらしい政治家になる可能性があります。医療のシステムに絶望した人がいたら、その人は、すばらしい医者やヒーラーになる素質を持っています。それは、彼らが医療や政治に対して理想のイメージを強烈に持っているからです。

「こうなったらいいのに！」というイメージがあるからこそ、絶望するのです。いったん絶望したとしても、「そこから這い上がって、自分の理想を実現したい！」という情熱を持ったとき、初めてその人の才能が開花します。

また、「これは自分の才能なんだろうか？」と怖れの感情が芽生えてきたら、それはきっとあなたの本当の才能です。

怖れは、ワクワクするエネルギーの裏返しです。実は、自分が一番求めているものでもあります。これがわかった瞬間に、自分の本当の人生の目的がわかります。

才能は、頭が真っ白になったときに見つかる

何か大切なことを考えると、すぐ頭が真っ白になるという人がいます。彼らは、物事の核心に迫ると、瞬間的に考えられなくなる癖があるのです。それは、決して悪いわけではありません。

誰かに何かを聞かれたとき、真っ白になるのは、それが当たっているからです。たとえば、「人前で踊る才能がありますね！」と言われたとしましょう。別にそれが才能だと思わなければ、「そうかなぁ？」と笑ってすませられます。しかし、それがあまりにもドンピシャの場合、頭が真っ白になるのです。

あなたが大切に考えていることであればあるほど、一瞬にして、思考停止状態になります。それは、「おまえが犯人だ！」とシャーロック・ホームズに問い詰められたようなものです。頭が真っ白になるしか、他に逃げ道がありません。

才能は、ワクワクするときに見つかる

ワクワクするのは、そのとき、あなたの才能が全面に出ているからです。

ワクワク感には、いろんな種類があります。ハートがドキドキするような感覚だという人もいれば、胸が締めつけられるような感覚だと言う人もいます。おしっこが漏れそうだと言う人もいれば、寒気と似てゾクゾクすると言う人もいます。私の尊敬する上智大学の渡部昇一名誉教授は、「背骨がしびれる」と表現しています。

あなたが実際にそれをやっていなくても、想像しただけでワクワクするようなこと、それは、間違いなくあなたの才能です。何百人もの前でスピーチすることを想像しただけで興奮していたとしたら、それは、あなたが本当にやりたいことです。

才能は、ゾーンに入ったときに見つかる

ゾーンに入るとは、たとえばプロゴルファーが、「このパットは絶対に入る。外す気がしない」という状態です。「これはうまくいくな」という直感を感じるとき、その人はゾーンに入っていると言えます。

それは「夢中になっている状態」と言ってもいいでしょう。文字どおり夢の中

にいる状態なのです。

あなたが、夢中になったとき、時間がゆがみます。過去と未来と現在の境目がなくなって、特殊な時空間に入ります。子供たちがまわりのことを忘れて遊びに没頭するときは、まさしくその状態です。

「新しい家具のデザインを描いていたら、3時間も経っていた」「詩を夢中で書いていたら、明け方になっていた」なんていうことは、大人になってもあるでしょう。

才能は、最高にうれしいときに、輝く

これまでの人生で、あなたがうれしかったときは、どんな瞬間でしょうか？

そのとき、誰が一緒にいましたか？

どういう感動があったのでしょう。

なぜ、それがそんなにも楽しかったのでしょう。

うれしいという感情が出たときは、あなたが最高に輝いている瞬間です。それを探っていけば、そこにはあなたの才能も関係していることがわかります。

人が癒されていく瞬間に心が震える人は、ヒーラー、カウンセラーとしての才能があります。チームのメンバーが目標を達成して大喜びしている姿を見て喜びを感じる人は、リーダーとしての才能があります。

自分がつくったコントを見て、「おもしろい！」と大笑いしてもらったときに、最高にうれしいと感じる人は、当然ですが、お笑いの才能があるのです。

あなたの最高の瞬間は、どんなものか、改めて思い出してみてください。

才能はいつ見つかるのか？——才能が見つかる6つのタイミング

自分の才能がどういうときに見つかるのか、イメージが湧かない人も多いと思います。才能がどういうシチュエーションで見つかるのかをお話ししますので、「これかな？」というものを感じてください。

もちろん、人によって全然違うので正解はありませんが、読み進めていくうちに、「いいなぁ、天才は……」とか、「自分には無理だ」と思うかもしれません。

でも、グッとこらえてください。あなたにも、きっとベストのタイミングが用意されています。

才能が見つかるタイミングには、大きく6つあります。それぞれ順番に見ていきましょう。

①親が才能を見つけてくれる

これは、スポーツや音楽の分野に多いケースです。

本人が、3歳とか4歳とかのごく小さいときに、親が才能を見抜いて、英才教育を受けさせるパターンです。野球、サッカーの選手や世界的バイオリニストなど、一流になった人の中に多い才能の見いだされ方です。

競輪、重量挙げ、ボクシングなどの特殊なスポーツの世界には、親子二代で成功している人たちがいます。そこには、遺伝的な要素と、後天的に英才教育的な要素の両方があると考えられます。

残念ながら、この本を読んでいるあなたには、ほぼ当てはまらないでしょう。なぜなら、このタイプの人は、この本を読むことがないからです。すでに自分の才能を認識して、その分野で一流になるべく、日夜打ち込んでいるでしょう。

②学校の先生、コーチ、親戚・近所の人に才能を見つけてもらう

このパターンだと、本人が8歳から18歳ぐらいまでに才能を見いだされます。学校の先生、地元のスポーツクラブのコーチ、近所の人、親戚がその子供の才能の存在に気がつきます。

学校の体育の授業でものすごく運動神経がいいことを先生が見つける、近所の将棋大会で、天才的なセンスを見いだされるといった感じです。町ののど自慢大会で天才的なうまさで大人たちをびっくりさせるような子供は、その後、しかるべきコーチに引き渡されることになります。

料理のシェフの場合、15歳から18歳までの一番味覚が発達するときは、高校には行かないほうがいいそうです。18歳まではちゃんとしたお店で修業して、18歳から夜間の高校に行くのがベストだと聞いたことがあります。

味覚が発達する一番大切なときに、中高生が好むハンバーガーなどのジャンクフードを食べていると、味覚に狂いが出て一流にはなれないそうです。

これも、この本を読んでいる大半の人には当てはまらないでしょうが、落ち込

む必要はありません。天才にならなくても、一流を目指すことはできますし、楽しく生きることはできるからです。

③自分と同じ才能と出会ったとき

これからは、一般の人にも関係してくるパターンです。

自分が持っている才能と同じ才能に出会ったとき、その人は衝撃波のようなものを感じることが多いようです。「本を読んでいくうちに、震えがきた」とか、「音楽を聴いているうちに涙が止まらなくなった」「映画を見ているうちに鳥肌が立った」ということは、誰しも経験があるでしょう。

学校の先生にあこがれて、同じ教師の道を行く人がいます。政治家の演説を聴いて、政治を目指す人がいます。

たとえば、クリントン元大統領は、高校生の頃、ホワイトハウスを訪れてケネディ大統領と握手したときに、衝撃が走ったと語っています。

レディー・ガガなどのスーパースターたちに会ったら、私も絶対にスターになる、武道館でライブすると言い出す若い子もいるはずです。

自分の才能と同じものを持っている人と出会うと、将来、自分もそこに行くことがわかったりするものです。

④他人と比べたとき

まわりを見て、自分を知るパターンです。

ある画家が話してくれたのですが、小学校の図工の時間に、目の前の花を描けといわれたのに、みんなとても花には見えないものを描いていたので、自分は課題を聞き間違えたと思ったそうです。でも、彼の絵を見た先生は腰を抜かしそうになりました。なぜなら、それはカラーコピーのように正確なバラの絵だったからです。

一方で、みんなが画用紙にバラとは全然違うものを描いていたのを見て、彼もビックリしたと言います。彼にとっては、花をそのまま紙上に再現することは普通にできることでした。だから、友人たちのへんてこりんな絵を見て、「なんでこんなことができないの?」と感じたそうです。自分の絵とまわりの人が描いた絵を比べて、初めて自分に芸術の才能があると気づいたというわけです。

このように、才能は、誰かと比較して初めてわかることもあります。

⑤まわりに感謝されるとき

まわりに感謝されることも才能である可能性が高いものです。

たとえば、旅行会社ＨＩＳの会長である澤田秀雄さんは、ドイツでの学生時代、日本からの観光客に町を案内してあげたら、とても喜ばれたそうです。「本当に良かった！」「本当にありがとう！」と多くの人から言われて、そんなに喜んでもらえるなら、もっと本格的にやってみようと思い、後に起業して成功しています。

あなたにも、きっとまわりに感謝されていることがあるはずです。

それは、誰かを紹介することだったり、洋服のコーディネートをすることや修理してあげることだったり、「えっ？　こんなことで喜ばれるの？」といったことです。

そのうち、もっと喜ばれたいという気持ちが湧いてきて、それをやっていくうちに、自分の才能が開花していくのです。

⑥偶然にやって、とても上手にできたとき

これは、自分の意思ではなく、その環境に置かれて初めて気づくパターンです。

たとえば、いきなり社内の会議の司会を頼まれてやってみたところ、プロのように上手に話せて、みんなに驚かれたというケースです。でも、一番びっくりしたのは、本人だったりします。そうやって、初めて才能が開花したりするのです。

自分ではなかなかトライしないことは、誰かにお願いされたり、偶然やることになって初めて、他の人よりも上手にできることに気づいたりするものなのです。

才能を見つける7つのアプローチ

才能を見つけようとするとき、いろんなやり方があります。そのどれが正解だというものではなく、自分の気質に合ったやり方をとればいいと思います。

これから、さまざまなアプローチの仕方を紹介しますので、ピンときた方法でやってみてください。ひと言で言うと、「それ、楽しそう！」という気分になっ

たものが、一番あなたに合っている方法です。

①自分のやりたいことを追いかけていく「目標型」

才能を見つけられる人のイメージは、自分でどんどん積極的に出て行くタイプなのではないでしょうか。一般的には自分にはそういう行動力がないから無理だと考えてしまいがちです。

目標タイプは、自分に何ができそうなのかを考え、現実的な目標を立てて、それに向かって頑張ります。そして、1つ目標が達成できたら、次の目標を立てていきます。彼らは、スキルは身につきますが、才能を発見できるかというと、必ずしもそういうわけではありません。才能らしきものを見つけても、その頃には次のプロジェクトをやっているので、落ち着いて1つの才能を磨くことができません。

このタイプで才能を見つける人は、ごく少数です。

なぜなら、行動するのが得意な人は、感じるのが苦手だからです。積極的にやればやるほど、目の前の感情から遠ざかってしまいます。回遊魚のように高速で泳いでいることは得意でも、じっと自分と向き合うことは苦手です。

②急に自分のやりたいことがわかる「インスピレーション型」

雷に打たれたように、何が自分の才能か突然わかるタイプです。現実的には、そんな映画のようなことは、そう簡単には起きません。

才能が見つかるタイプというと、先ほどの目標型で行動していく人か、神の啓示を受けるタイプのイメージがありますが、どちらもそう多くはありません。でも、中には、「独立するように」という声が聞こえたという人や直感的に留学すると決めたという人がいます。

彼らは、直感で物事を決めています。そこには、「なぜ、そうするのか?」という理由はありません。でも、結果的にうまくいっていることから考えると、そういう情報を有効に使うのもアリだと思います。

かといって、そんなに劇的なことが起きなくても、才能を見つけることはできます。実際に多いのは、これからお話しするタイプです。

③なんとなくやっているうちに目の前が開けていく「展開型」

意外に多いのが、この展開タイプです。

先ほどのタイプが直線的に生きているのに比べて、このタイプは、曲線的に生きています。悪い言葉で言うと、行き当たりばったりとも言えます。

でも彼らは、目の前のチャンスをつかみ取るのが上手で、次から次へとおもしろいドラマを体験しながら、思いもよらない展開で、自分の才能らしきものを見つけていきます。すばらしい人にも、その道の過程で出会っていきます。

そうやって、このタイプの人は今まで考えてもみなかった仕事につき、そこで自分の才能の存在に気づき、人生が変わっていきます。

展開型のおもしろいところは、人生でたいして計画的に生きていないのに、いつのまにか帳尻が合ってしまうことです。彼らは、目の前の不思議な偶然を追いかけていくことで、人生をおもしろくしています。

④頼まれごとをやっていくうちに道が開ける「頼まれ型」

才能を見つける別のパターンとして、この頼まれタイプというものがあります。

「頼まれる」というのは、実は才能にとても関係があります。

あなた自身が気づかなくても、意外にもまわりの人はあなたの才能に気づいています。だから、スピーチ、翻訳、ホームページの立ち上げ、人の紹介、パーティーの司会などを頼まれるのです。

自分では、簡単にできるし、楽しいことだから、「いいよ」と言って気軽にやってきたかもしれません。それを見ていたまわりの人たちが、また「○○してくれない？」と頼んでくるのです。

それは、あなたの才能と関係がある可能性はほぼ100％です。

頼まれごとをやってあげると、相手は大喜びで、お礼にご飯をご馳走してくれたり、プレゼントを持って来てくれたりします。また、友人を紹介してくれたりします。

才能は、「使ってみて初めて、それが才能だと気がつく」不思議な性質を持っています。だから、「花を生けてください」「旅をコーディネートしてください」「話してください」「文章を書いてください」と言われて初めて、それが自分の才能だということに気づいたりします。

⑤少しずつ自分が見えていく「コツコツ型」

才能は、地道に何かをやっていくうちに、見つかるものでもあります。

長くコツコツやれるということは、それだけで才能だといえます。まして、人から見たら面倒くさいことを楽しくやってきたとしたら、それは必ずどこかの時点で誰かに評価されます。

そうやって認められたとき、あなたの才能は、公のものとなります。最初のうちは、それを才能だと指摘されても、ピンとこないかもしれません。

でも、まわりの人の喜んだ様子や興奮した状態から、あなたも「よかったなぁ」と思うと同時に、それを自分の才能として受け入れられるようになります。

⑥今までのことが崩壊してから、新しい人生が始まる「ゼロリセット型」

あるときまでは普通の人生を送っていたのに、リストラされたり、病気になって仕事を辞めなければいけなくなった人がこのパターンです。

慣れない保険のセールスをやってみたら、すごい才能を発揮して、いきなり入社2カ月目でトップになる人がたまにいます。それまで研究職だったので、リストラがなければ一生セールスには縁がなかったような人です。生活が変わって、研究所時代より100倍も元気に毎日を送れるようになったりするのです。

もし、リストラされなければ、今でもイヤな研究職を続けていたことでしょう。世間的に見える最悪なことが祝福になっていることも多いのです。

⑦自分の生まれに戻る「先祖回帰型」

このタイプは、先祖代々医者だったり、政治家だったり、商売人の家系に生まれます。でも、実家の仕事がイヤで、若い頃は、跡を継ぐことを断固拒否するタイプです。そして、自分の力で別の道に進もうとして、実際に違う職業についたりします。

しかし、ある程度大人になってくると、自分の体の中に流れている血の濃さに気づき、「やっぱり俺は医者になろう」とか、「政治家を目指そう」となるのです。

そういうシフトが、40歳を過ぎて起きたりします。私は、このタイプを「先祖回帰型」と名付けました。彼らは、最初反発して別の道に進むのですが、あるときからその道にも違和感を持ち、最終的に自分の道と家業や先祖代々の仕事が同じであることに気づきます。

そして、本来の仕事に戻り、何とも言えない心の平安を感じるのです。実家に帰ってきたような安心感を得て、彼らは飛躍します。

第5章

才能のダークサイド

人は、天賦の才を
決して私物化してはならない。

――稲盛和夫

才能がもたらす副作用の苦しみ

皆さんは、才能が見つかったら、その後の人生はバラ色になると思うかもしれませんが、そうは簡単にいかないのが、現実の人生です。

才能を使いこなしている人は、人生で波に乗っている感覚で生きることができます。しかし、才能が上手に開発されていないうちは、せっかくの才能があなたを苦しめることになります。なぜ自分が苦しいのか、本人もわからないのではないかと思います。

私は、これまで才能について30年近く研究してきて、「才能の副作用」とでも言うべき現象に気づきました。才能があればあるほど、才能はその人を悩ませ、苦しませるのです。そして、その副作用は、才能が開花するだいぶ前に起きることが多いようです。

たとえば、人の感情を感じるカウンセラーの才能がある人は、まず自分自身がいろんな感情に溺れます。それは、そこから立ち直る体験をするためです。人を励ます才能を持っている人は、ずっとウツの沼に沈み、まず自分を励ますことからスタートすることになります。

お金の才能がある人は、お金のトラブルにごく小さい頃から巻き込まれます。あるいは、若くして大きな借金を抱えたりして、後の才能が出てくる素地ができます。

医者、看護師になる人の中には、小さい頃、家族を病気で亡くしたり、本人が病気がちだった人がたくさんいます。アトピーの専門家には、自分が小さい頃、アトピーで苦しんだ体験を持っている人がいます。ダイエットの専門家は、昔太っていた人ばかりです。速読の先生には、本が嫌いで、識字障害を持っていた人がいます。

彼らは、将来自分が専門とする分野で苦しんだことをバネにして、自分自身の才能を使って、まずゼロ地点まで戻ります。そこから、今度は、同じ才能をまわりの人にも使っていくようなイメージです。病気が治る喜び、自分が本を読めるようになった喜び、つまり、絶望が希望に変わった喜びが、ライフワークの原動力となっているのです。

才能を使わないと、しっぺ返しを受ける

才能には、「与えられた分だけ、責任が問われる」という不思議な性質があります。その才能を使い切らないと、その分、本人が苦しむようになっているようなのです。そうやって、才能がちゃんと使われるように設計されているかのようです。

人の感情に寄り添う才能がある人は、才能が上手に使えない間は、自分や人の感情を感じすぎて苦しみ、混乱することになります。

セールスの才能があるのに、それを十分に自分のものにしていない人は、お客さんにごまかして売りつけている感じがして、落ち込んでしまったりします。

人前で話したり、歌ったり踊ったりする才能があるのに使っていない人は、何か鬱屈したものが溜まって、体も心も重くなります。

人を励ましたり勇気づけられる才能があるのに、誰とも付き合わないで引きこもりの生活をしていたら、ウツっぽくなってしまうでしょう。

才能は、ちゃんと使い切らなければ、そのしっぺ返しとして、あなたを苦しめるのです。それはあたかも、人を幸せにする義務を果たさなければ、ペナルティーとして自分も幸せになれないかのようです。

なぜ、そんなことが起きるのでしょうか？

それは、将来、深いところからインスピレーションを得て輝くためには、悲しみや苦しみを先に体験する必要があるからかもしれません。

私は、幸せな家族をライフワークのテーマにしています。それは、父親がアルコール依存症だったために、家族が恐れの中で暮らさざるをえなかった過去があるためだと思っています。心の平安を大事にしたいのも、それが子供時代になかったためです。

あなたも、自分が小さい頃に苦しんで、何度も死のうとまで思ったのと同じ状態の人を目の前にしたら、全身全霊でなんとかしてあげたいと思うでしょう。それが、ライフワークへの情熱につながっていくのです。そして、気がついたら、そのために必要な才能はすべて開いていくのです。

才能のダークサイド

才能について考えるとき、ダークサイドについてもお話ししておきたいことがあります。

ダークサイドとは、文字どおり「暗黒面」という意味です。才能を上手に生かすことができたら、本人もまわりの人も幸せになれるのですが、逆の場合、関係者全員が苦しむことになります。

「スター・ウォーズ」のキャラクターであるアナキン・スカイウォーカーはジェダイという光の戦士だったわけですが、暗黒面に落ちたとき、悪の帝王のような存在になりました。

才能を誤用してしまうと、あなたもまわりも、とても惨めになります。

カウンセリングの才能を持っている人がそれを悪用すると、人の心をもてあそぶようになります。技術が高ければ、他人を洗脳することも可能でしょう。

ストーリーを語る才能を誤用すると、詐欺師になります。

人をやる気にさせる才能を誤用すると、悪徳商法で犯罪まがいの荒稼ぎをする人になります。

人のセクシャリティーを引き出す才能を誤用すると、他人の結婚生活を破綻させることができます。

たとえば、リーダー、アジテーター（扇動者）、革命家、政治家の原型を同じように持つ2人を例に取りましょう。

一人は、オバマ大統領。彼は、沈滞したムードの国を一気に盛り上げました。誰もが希望を感じ、国の未来を信じました。演説で人を勇気づけられるすぐれたリーダーの一人だと言えるでしょう。

もう一人は、ヒトラーです。彼は、自分の国だけでなく、世界中を戦争に巻き込んでいきました。

同じように人を勇気づけ、動機づけ、行動に駆り立てる能力があっても、そこにダークサイドの意図があれば、たくさんの人を不幸にするのです。

ごく身近でも、才能がダークサイドで使われている

そこまで大がかりでなくても、ダークサイドのエネルギーはあちこちにあります。老人のお金を巻き上げようとする詐欺会社、手抜き工事をして、利益を得ようとする建設会社。お客さんに必要のないものを売りつけるセールスマンも、同じように才能を誤用して、ダークなビジネスをやっているといえるでしょう。

先日、オレオレ詐欺の特集番組をテレビで見ましたが、彼らは、優秀なチームワークで、心理、営業、ビジネス、法律の知識をプロフェッショナルなレベルでフルに活用しているようでした。同じ才能をベンチャービジネスで使ったら間違いなく成功できそうな能力を犯罪に使っているのは、とても残念なことです。

犯罪までいかなくても、広告業界の一部では、洗脳に近いような形で無知な消費者に商品やサービスを売り込んでいます。彼らも、最新の行動心理学、販売心理学を使って、クライアントの会社の最大利益のために動いています。法律的にはともかく、モラル的にはギリギリの仕事のやり方をしているところもあるようです。

教育の世界では、指導という名目で、まだ体罰が行なわれています。先生自身が感情的にイライラしたときに、生徒にぶつけたくて殴っただけなのに、教室という密室の中では、その動機や行動がチェックされないケースも多いのではないでしょうか。

人類の闇も、ダークサイドに落ちた天才たちの仕業

大きな視点で見ると、人類の闇も、その大半がダークサイドに落ちた天才たちによって生み出されています。

優秀だけどモラルのない参謀本部が、どれだけ戦争を引き起こしたでしょう。21世紀の今でも、謀略、スパイ活動などが公然と行なわれていて、健全な国家間競争を逸脱した状態になっています。

先ほど、ヒトラーの例を挙げましたが、遠くはローマや漢の時代から、無名の優秀な悪徳政治家たちによって、たくさんの悲劇が生み出されています。自分の地位を利用して、賄賂を受け取ったり、領民から年貢を取り立てたりというのも、普通に行なわれてきましたが、それも才能のダークサイドの例の1つだといえます。

今、まさに起きつつある資本主義の暴走も、一部の利己的な資本家によって引き起こされています。

優秀なファンド会社のマネージャーは、破綻することを知っていて、博打のようなトレードを繰り返しています。同じ才能を使って、世界に富が分配されるような仕組みを考えられたかもしれませんが、その才能をすべて高額なボーナスを得るために使っています。そうやって、すばらしい才能の多くが誤用されています。

人は、なぜダークサイドに落ちるのか？

なぜ、優秀な人がダークサイドに落ちるのかは、とても興味深いテーマです。天才的な頭脳があるのに、感情的にバランスが取れていない人たちが、ダークサイドに落ちます。彼らは、「もっと認められたい」「富を得たい」「人をコントロールしたい」「自分が正しいことを証明したい」という動機のために、大勢の他人の命や財産を犠牲にすることを何とも思いません。

彼らの中にある感情的な欠乏感は、海で漂流するときに海水を飲んでしまうようなもので、永遠に癒されることがありません。もっと、もっとと叫びながら暴れるモンスターのようなものです。いったんシステムの暴走が起きると、チェック機能はマヒし、制御不能になります。一度、おかしな方向に動いた政治や経営が行き着くところまで行かないと変われないのは、このためです。

才能がありすぎて、ダメになる人

もう少し、身近なことに話題を戻しましょう。

世間には才能がありすぎたがために、人生を台無しにする人もいます。彼らは傲慢になって油断してしまったり、周囲からのプレッシャーで押しつぶされてしまうのです。

たとえば、小さい頃、音楽やスポーツの天才と言われた人が、途中で息切れしてしまうことはよくあります。あなたも身近で見聞きしたかもしれません。

「自分は天才だ」とうぬぼれて練習を怠っていると、そこまで才能に恵まれなくても着実に練習している人に、あっという間に抜かれてしまったりします。そうなると、「自分のほうができたのに……」というプライドが邪魔して、「もういいや」という気分になって、そのままやめてしまうのです。

親や周囲からの期待に押しつぶされてしまうケースもあります。

小学生や中学生の頃、スポーツ大会で上位に進んだような人は、「将来はオリンピックか?」と一度はまわりに期待されます。その期待が重すぎて、スポーツそのものがイヤになってしまう人はたくさんいます。

才能を過信すると、不運を呼び込む

才能と運についても、少しお話ししてみましょう。

才能とは、本来その人が持っているエネルギーです。運には、良くも悪くも拡大させる機能があります。

たとえば、話が上手な政治家には話す才能があるわけですが、その才能を過信してしまうと、それが不運にもつながります。よけいなことをしゃべりすぎたり、失言して、社会の批判を浴びてしまうわけです。

たとえば、お金も同じです。お金を稼ぎすぎたことがかえって運を落とすこともあります。短期間でたくさん稼ぐのではなく、長く稼いだほうが才能が開花して、応援されやすくもなります。

ちゃんと適正な運を使いながら進めば、人に応援されて長く続くのに、一発屋のように瞬間風速的に才能を使い切ってしまうと、まわりの人の嫉妬がワッとやってきて、すぐにダメになってしまうのです。

「運の前使い×才能」は、その人をとても不幸にする可能性があるのです。

だから、運と才能は上手に使わないといけません。

才能が枯渇する人、しない人

才能は、地下深くに埋まった原油と似ています。膨大な埋油量を持っている人もいれば、そうでない人もいます。あまり埋蔵量のない人が短期間で原油をくみ上げてしまうと、才能はあっという間に枯渇してしまいます。

ミュージシャン、作家、俳優などのように単一の才能だけで勝負しなければならない職種で、長続きする人が少ないのはそのためです。

私も、なんとか10年以上作家として活動してきましたが、まわりで売れ続ける人を見ていると、彼らは自分の才能の掘り方と掘る場所を上手に変えていることに気づきました。

彼らは、このままだとヤバいかもと感じたら、自分の立ち位置、見せ方、スタイルなどを微妙に（あるときは斬新に）変えているのです。そうやって飽きられないようにしたり、自分が燃え尽きないように工夫して、長く活動をしています。

途中で消えていく人たちは、今までの成功法則にしがみついて、なかなか自分を変えられなかったり、時代の変化に気づきません。そうやって、同じ芸を続けているうちに、皆に飽きられてしまって消えていくのです。

長く活躍するためには、たえず自分の新しい才能の泉を掘り続ける必要があります。それだけ聞くと大変な感じがするかもしれませんが、逆に、楽しみながらできる作業でもあります。

才能がある人ほど、不安になる

才能を見つけて、磨いていくときに、「不安」はつきものです。

昭和の大作家松本清張は、芥川賞を取ってしばらくしたとき、担当編集者の櫻井秀勲さん宛に、自分には作家を続けていくだけの才能がないと悩んでいると、手紙に書いたそうです。この話をうかがったとき、あんな国民的作家でも自分には才能がないと不安に感じていたのかと驚きました。

画家のゴッホも生前、自分の才能に絶望していました。2000点近く絵を描いたのに、生きている間に売れた絵はたった1点。それでは、誰でもへこみます。モーツァルトも、自分の才能に不安を抱えて生きていたという証言があります。

これらのエピソードからも、天才ですら「自分には才能がないのではないか」と不安に思っていることがおわかりいただけるでしょう。

「自分には才能がないのではないか」という不安を感じないようでは、一流になれないともいえます。逆に、「自分には才能がある」と考えて自信満々の人には、たいした才能はないと思ったほうがいいでしょう。

才能を探すときに、失敗は避けられない

自分の才能らしきものを探す過程で、「これが自分の才能かなぁ」と思ってやり始めると、共通して湧き上がってくるものがあります。

それは、「やっぱり違うかもしれない」という感情です。

最初は、「私の才能はこれだ！」と見つけたものの、実際に行動に移していくうちに違うかもしれないと思うようになったり、自分の才能であってほしいという思いが強い分だけ、失望も大きくなります

たとえば、「チームづくりをしようと思ったら、まとまらずに大失敗した」とか、「スピーチするのが才能だと思ったら、失言してえらいめに遭った」「お金を儲けようと思ったら逆に大損した」など、特に若いうちは、大きな失敗をするものです。

これは私の仮説ですが、その失敗は決して悪いものではなく、「才能のありか」がわかるように、必然的に起きているのではないかと思います。

若いときに経験するマイナスは、その人がしっかり大成するように、わざとゴムを反対方向にグッと引っ張っているようにして起きていると私は思います。

つまり、人生全体で考えて、才能をうまく発揮して生きられるように、失敗も最初から人生プランに含まれているということです。それに気づいた人が失敗にめげず自分の才能を見つけて成功すれば、失敗につぶされかけた人も、それを見て勇気づけられます。

多くの人は、目の前の失敗をマイナスにしか受け止めなかったり、才能をあきらめたりしがちです。

しかし、起きたことをあとで振り返ってみたら、「あー、そういうことだったのか」と腑に落ちた経験を、誰しも一度や二度はしているのではないでしょうか。自分の才能をより本来的な形で生かせるように失敗があるのです。

しかし、これに気づかず、「なぜ今までのやり方がうまくいかないんだ」とイライラしたり、「やっぱり、自分に才能なんて1つもないんだ」と思い込んだりすると、負のスパイラルにハマってしまい、ダークサイドに落ちかねないので、注意が必要です。

「失敗は、あなたの才能のありかを発見し、生かすためにある」という感覚を持つと、早く才能が見つかり、その才能を生かした人生を歩むことができるのです。

人生に苦しみが必要なワケ

先にも少しお話ししたように、一番自分が苦しいところ、闇に立ち向かわないと、本当の自分の才能は湧き出てきません。結局、自分のものではない人生を生きることにしかなりません。

人生で何の苦労もしていないと、薄っぺらい人間になってしまいます。悲しみや苦しみを体験したことがある人は、人間に深みが生まれ、同じ苦しみを体験した人に共感されたり、応援されやすくなります。

明るくても薄っぺらな人は、まわりから「全然わかっていない人」と思われがちです。「この人、全然わかってないな」と感じると、応援する気が一気になくなります。

一方、その人が大きな苦しみを乗り越えてきた人だと感じたら、「この人はいろいろ大変だったけど、今の幸せをつかんだなんてすごいなぁ」となるものです。「この人、わかってないな」と思われてしまったら、頼まれても、応援したいという気持ちが芽生えることはありません。

人生の悲しみや苦しみ、病気や不運は、その人にとって自分らしい最高の人生を送るための仕掛けとして必要だからあるのではないかと思います。

自分を輝かせることへの抵抗とは？

才能を開発しようとするとき、必ず障害になるのが、無意識の抵抗です。その多くは感情的なものです。頭ではわかっているのに、体が動かない。本当はやりたいんだけど、「そのうちやります……」と言いながら、もう10年も経ってしまったということはよくあります。

これから、「無意識の抵抗」についてを見ていくことにしましょう。

①「どうせ自分なんか……」

才能らしきものを見つけたとき、無価値感も同時に感じるようになっています。自分は「歌が歌える」「人前で話せる」ということがわかっているのに、「もっと、うまい人がいるから」「自分はプロではないから」といって尻込みして、せっかくのチャンスをつかまないのです。

別に、「最初からプロになれ」というわけではありません。でも、「自分が持っている才能はフルに生かす」という感覚を持つことが大事なのです。

②好きなのに、楽しくやれない

せっかく何か文章を書いてみようと思っても、パソコンや原稿用紙を前にしたら、気分が萎えてしまうことがあります。楽器を取ろうと思ったら、料理道具を前にして、あるいは画材を前にして、なんだか楽しくない気分になってしまうのです。

楽しいはずのことが、なぜ楽しくなくなるのか？

それが、この種の抵抗なのです。

それでも、もし、ワクワクしてやり続けたらどうなるでしょうか？

たぶん、あなたはもっと充実した人生を送るでしょう。

すると、「旦那さん（奥さん）に悪い」「同僚に申し訳ない」「両親が何と思うだろうか？」といろんな遠慮の感情が出てくることになります。

③やりたいことが、面倒くさくなる

好きなことなのに、面倒な感じがしてしまうのも、この抵抗の一種です。

体がだるくなったり、なんとなく気分が重くなったとしたら、この心理的な抵抗が起き始めたサインだと思ってください。

「心のブレーキだ」と思うと、わかりやすいでしょう。何の抵抗もなければスッと動けるのに、何かが引っかかって、思うように前に出られないのです。

本当に楽しいことなら、朝5時に起きても何の苦もないということは、誰しも体験していると思います。本当に好きだから同じようにできてもおかしくないのに、体が動かないということは、「やっぱり好きじゃないのかな」と勘違いしてしまいます。

④お金と時間をかける意味が見えなくなる

普通、何かにお金と時間をかけるとき、その価値があるかどうかを考えがちです。そして、たいていの場合、「もったいないからやめておこう」と思ってしまいます。

「アロマオイルのフルセットを買うなんて、高いからやめておこう」「専門学校に通うのにお金がかかる」「1日かけて講演会に行っても、あんまり意味がない」という感覚になってしまうのです。

そこにハマると、せっかく学ぶチャンスがやってきても、お金と時間をかけようという気持ちになれなかったりします。これも、抵抗の1つの形態だと考えてください。

⑤過去のトラウマがよみがえる

過去のトラウマのせいで、本当にやりたいことをやろうとするときに、抵抗が出てしまう人がいます。

たとえば、ピアノの発表会の途中で弾けなくなってしまった。文章を書いたけれど、友人に酷評された。おもてなし料理をつくったら、塩と砂糖を間違えて大恥をかいてしまった……。

そういう過去に起きたドラマのせいで、大好きなことなのに、「もう二度とやるものか」となってしまう人が、思った以上に多くいます。

でも、本当にあなたがやりたいことならば、必ずまた再開するタイミングがやってきます。それには、時に長い年月がかかってしまうこともありますが、きっとそのときはやってきます。

抵抗が起きたときの対処法

まず、面倒くさくなったり、気分が萎えたりするとき、ほとんどの人は、「それが自分に向いていない」「才能がないからだ」と勘違いしてしまいます。

しかし、そうではありません。逆に、「やりたいエネルギーがありすぎる」と理解してください。

たとえば、好きでも嫌いでもない人に話しかけるとき、特に緊張はしないはずです。でも、ひそかに好きだと思っている人の前に出ると、自意識過剰になって、緊張したり、目が泳いだり、どもったりしてしまいます。

それは、そこに過大なエネルギーがいくからです。好きになってもらいたい、嫌われたくない、変な奴だと思われたらどうしようと思うから、挙動不審になってしまうのです。

ハートブレークを癒す

才能を見つける旅は、ワクワクするのと同時に、ハートブレークの旅でもあります。

自転車に乗れるようになるまでには、その過程で何十回も転ぶことになります。練習中は、コケた記憶のほうが多いのではないでしょうか。

それと同じように、才能を見つけるプロセスでも、「これか！」という期待と同時に、「また、ダメだった」という失望も同じ数だけやってきます。

「くさい演技しかできない」

「うまいコピーが浮かばない」

「少しもお客が来ない」

など、ため息をつきたくなるような毎日がやってきます。

でも、その中でキラッと光る瞬間もやってきます。

それは、まわりからの感謝の声だったり、自分でも「これだ！」という確かな手応えだったりします。

そのプロセスの最中におすすめなのが、この「ハートブレークを癒す」という作業です。

子供時代など、過去に起きた悲しい体験を一つひとつ思い出しながら、そのときの自分を抱きしめてあげるのです。

今のあなたなら、両親に「おまえにはできない」と言われた当時の自分が感じたくやしさ、悲しみはよくわかるはずです。

そのとき、あなたのハートは、粉々に砕け散ったかもしれません。認めてもらいたかったがゆえに、ショックも大きかったと思います。中には、そのときの暗い思い出を封印してしまって、思い出せない人もいるかもしれません。思い出せないとしたら、まだ開けるタイミングではないかもしれません。無理やり記憶の扉をこじ開ける必要はありません。意味があって、まだそういうことは記憶の底に沈んでいるのでしょう。

でも、いつか必ず、そういった痛みを癒すタイミングはやってきます。そのときには、悲しみにくれる小さな自分を思いっきり抱きしめてあげてください。きっと、そこから何かが変わるはずです。

第6章

あなたの才能の育て方

根本的な才能とは、
自分に何かできると信じることである。

——ジョン・レノン

才能が開花していく8つのステージ

ここまで読んできて、あなたもなんとなく自分の才能のイメージが湧いてきたと思います。これからは、具体的に才能を育てていく方法についてお話ししましょう。

まだ自分の才能が何かはっきりわからなくても、いろんなステージがあることを知っておくと、才能と向き合う際のいいヒントになると思います。

ここでは、8つのステージに分けて見ていきます。自分がどのようなプロセスを経て、才能を見つけることになるのかイメージしながら読み進めてください。

①何の疑問も持たず、流されて生きるステージ

今、人類の大半が、このステージで生きています。仕事をしているときも、「やるべきことだから」という感覚でやっています。今の仕事に意味があるかなどは考えず、ただひたすら作業に埋没する毎日と言っていいでしょう。

彼らは、同じような仕事を毎日やっても、そんなに苦になりません。それが単純作業でも、知的作業でも、あまり深く考えないようにしているからです。

ですから、日常的に感情の起伏もあまりなく、平穏無事だけど慌ただしい毎日が過ぎていきます。多少イヤなことがあっても、お笑いのテレビを見てぐっすり眠れば、次の日には忘れることができます。

もらえる給料の範囲内で、外食したり旅行に行く余裕はあるし、仕事関係で時には楽しいこともあり、そんなに不満がない生き方です。仕事仲間とは、適当に上司の悪口や芸能界ネタやスポーツの話題で盛り上がることができて、毎日可もなく不可もなくという感じでしょうか。

時々将来に対して漠然とした不安を感じることもありますが、毎日の仕事、家事、育児、介護などで忙しくしているうちに忘れてしまいます。

これは、ある意味では楽な生き方です。あなたのハートをノックする音が聞こえてくるまでは……。

②才能が何かわからず、悶々として生きるステージ

先ほどのノックの音は、「このままでいいの？」とか、「今の仕事に意味があるのだろうか？」という自分の深いところから湧き出る声ともいえます。その声が聞こえてきたとき、

①無視する
②ちょっと聞くけど、忘れる
③真剣に聞いて、人生を変えていく

という3つの選択肢があります。

ほとんどの人は①か②を選んで、次の日には忘れています。しかし、③を選んでしまったあなたは、もう後戻りできなくなります。そうでなければ、こんな危険な本は手に取らないはずです。

才能を開発するステージは、ここからスタートします。

まわりとの違和感が最初のサインです。

格好悪いかもしれませんが、ナイーブなあなたは、同僚に「あのさぁ、今の仕事って意味ないと思わない？」などという質問を投げかけます。すると、相手はちょっと迷惑そうな（あるいは戸惑った）顔で、「そんな面倒なこと考えないほ

うがいいんじゃない」という答えを返してくるでしょう。

このステージでは、「何かが違う」「とにかく息苦しい」と感じるのが特徴です。ウツっぽくなってしまう人もいます。けれども、その原因が自分らしさを発揮できていないことになかなか気づきません。

そして、このステージからステージ①に戻っていく人も多くいます。それはある意味、精神的にはいい選択かもしれません。何も考えないようにすれば、あまり悩むことなく笑って暮らせるからです。

③いろいろ当たっては砕ける失望と行動ステージ

イライラした状態がずっと続き、もうたくさんだと思ったときから、次のステージが始まります。

「これ以上、今の状態が続くと苦しすぎる。もっと、自分らしく生きたい！」という叫びにも似た感じで、新しい生き方を目指すのがこのステージです。

自分らしさと才能を探す旅に出たものの、どこに行ってもうまくいかないのも、このステージの特徴です。

「これかな?」と一瞬ワクワクしても、すぐに違うとわかって落ち込みます。そして、またしばらくして、「これかも!」と期待して、またそれが裏切られてがっかりします。

そうやって、いろんな職業を見たり、才能を探していくうちに、「これは違う」というものだけははっきりわかってきます。そのわりに、「これだ!」という感覚はなかなかやってきません。そして、「これだ!」という感覚を求めて、放浪の旅に出るのです。

以前、私のセミナーの受講生から、「どのステージが一番楽しいですか?」と聞かれたことがありますが、私は、間違いなくこのステージだと思います。

試行錯誤する中で、今度こそ間違いないかもと期待して、ど～んと落ちる。これは、永遠のマドンナを追い求めては失恋する、映画の寅さんのようでもあります。

それを何十回も繰り返していくうちに、ドンピシャのものに出会うのです。

これは、パートナーシップとも似ているかもしれません。「この人が運命の人かな?」と思っても、1人で盛り上がっていただけだったことがわかったら、数日ショックから立ち直れません。でも、再び元気になったら、素敵な恋人を探す旅に出られるのです。

④「自分が誰か」がはっきりわかるステージ

数カ月から数年の才能探しの旅は、ここでいったん終わります。「自分が誰か」がはっきりわかったら、次のステージに行くことになります。

これまでのステージは、夢遊病者のように目をつぶったままフラフラ歩いていたようなものです。どこをどうやって歩いてきたか、記憶も曖昧です。

しかし、ここからは、はっきり目が開くので、まわりもはっきり見えるし、目の前に広がる道も見えてきます。

どういうシチュエーションでそれがわかるかは、人それぞれです。共通して言えるのは、「これが自分の才能だ！」と、しっかりわかる瞬間があることです。それは、ほとんど神の啓示のようなものです。いったん得た気づきは、一生消えることがありません。「私はこれをやるために生まれてきた」という感覚を持って、ライフワークに臨むことになります。

⑤才能を磨ききれず、落ち込むステージ

「自分の才能はこれだ！」とはっきりわかったら、その後はバラ色かというと、そう簡単にはいかないところが人生の悩ましいところです。

自分には、「デザインの才能がある」「発明する才能がある」とわかったのに、思うように才能が磨ききれない事実は、ジレンマを生みます。

また、専門分野を決めたとしても、そこには、ものすごい数の競争相手がいます。分野によっては、今はもう亡くなっている人とも競合することになります。

私が選んだ作家という分野は、まさしくそうです。「文章で人に影響を与える仕事をしよう！」と心に決めた私は、本屋さんに行きました。お店に入ってすぐに、膨大な本の数に打ちのめされました。「10万冊もの本の中から自分の本を選んでもらう可能性って、どれだけあるんだろう？」と思ったら、気が遠くなりました。

また、私の選んだ自己啓発、生き方の分野には、今活躍している人たち以外に、すでに亡くなっている偉人たちがいます。それこそ、ローマ時代の哲学者やキリ

スト、ゲーテ、ニーチェ、シェイクスピアなどの偉大な哲学者や、作家たちの本と自分の本が競合するわけです。そんなすごい人たちと比べた上で、育児セミリタイア中のボーッとした普通のパパの本を誰が買うでしょう?

「ああ、作家になるなんてやめよう」と、私の夢はたった1日で終わりました。あなたも、自分の分野を決めたとたん、同じ無力感に襲われることは間違いないでしょう。そして、何百回も「もう、無理だ!」と思うことになります。

それは、自分が目指したい場所と現在地のあまりの差に、がく然とするからです。一流のバイオリンの演奏をふだん聴いている人が、突然バイオリンの練習をして、自分の弾く下手なバイオリンの音を聴くようなものです。どうやっても、彼らのような音は出ません。耳が良い分だけうらめしくなります。

このステージを乗り越えるのは、結構つらいものがあります。それは、片思いの相手に思いが伝わらず、全然相手にされないもどかしさに苦しむからです。また、「こんなに好きなのに、どうせ自分は愛されないに違いない!」という感情が湧いてきて、正直、そのことに向かうのがきつくなります。

たとえば、バレエなら「もうしばらく踊りたくない」という気分になるし、文章なら1行も書けなくなります。

私も、このステージから出るのに、数年かかりました。自分の中にある「おまえにはできない」という声と折り合いをつけないと、次に行けないのです。

⑥メンターを見つけて、教えを請うステージ

自分の才能を本格的に磨こうと思ったら、優秀なメンターに教えを請う必要があります。

メンターとは、先生という意味です。才能をどうやって開花させていくか、具体的に彼らにコーチングしてもらうと、独学でやるよりも数倍早く進むことができます。ただ、メンターは、あなたの才能を見つける手伝いはできません。才能の磨き方しか教えられないのです。

すばらしいメンターは、あなたの一生の財産です。彼らは、あなたが自分自身を信じられないときに、あなたを信じてくれる存在です。

自分と同じ種類の才能を持っているメンターに出会えた人は、ラッキーです。

メンターを探そうと思ったとき、自分と違うタイプの人にあこがれを持ってし

まうので、自分と正反対のタイプをメンターに選びがちです。

たとえば、自分が1つのことに集中できないタイプの人は、専門家タイプの人を尊敬するので、そういう人をメンターにしようとしてしまいます。

でも、そもそも持っている才能の種類が違うので、どうしてもミスマッチが起きます。メンターが、「自分の言うとおりやればいいんだ」と言ってくるタイプだと、あなたは日に日に自信を失っていくことになるでしょう。

メンターの言われたとおりにやっても、なかなか上手にできません。なぜなら、それはあなたに合うやり方ではないからです。そのせいで、「自分には才能がないんだ」と勘違いしていたら、あまりにももったいなさすぎます。

あなたの才能を開いてくれるメンターには、「コーチ」タイプと「プレーヤー」タイプがいます。

野球でいうと、現役時代はパッとしなかったのに、教えることは上手というタイプがコーチ型。また、プレーヤー型は、選手時代から有名ですごい業績を残した人です。

コーチ型は、才能の磨き方を理論的に教えることができるタイプです。でも、自分が一流の舞台に立ったことがないので、そのあたりのことを教えることができません。一方、プレーヤー型の多くが天才なので、自分はできても、他人に教えることができません。

このあたりのことを頭において、メンターを選ぶ必要があります。詳しくは、前作『大好きなことをやって生きよう！』に詳細に説明してあるので、参照してください。

⑦自分のオリジナルを追求するステージ

一定期間メンターの教えを受けたら、いよいよ自分のオリジナルで勝負するステージにきます。

ここまできたら、あなたの才能磨きもいよいよ最終段階です。才能を積極的に磨いていくと、自分の世界ができていきます。これまで普通の生き方をしてきたところから、自分の優秀性を発揮することができるようになります。

しかし、まだこのレベルではモチベーションが必要です。なぜなら、まだ内側からエネルギーが自由にあふれ出てくるとまではいかないからです。お客さんや仕事仲間からの感謝、業績、高収入などで、やりがいを得ています。

このレベルの人たちは、忙しく、パワフルに生きています。

自分を高める努力は怠らず、トップクラスの仕事をこなしていく喜びを原動力にしています。

⑧天才性に目覚め、人生の目的に生きるステージ

優秀レベルの人たちと比べると、この人たちは、まったく違うOSで人生を生きています。人が評価するかどうかには、あまり意識が向かいません。

「自分にとってどうか」にすべての基準をおいています。

アップルの創業者スティーブ・ジョブズは、あるとき、パソコンの内側の部分をきれいに磨くように指示したそうです。担当者が、「誰も見ないパソコンの内側をきれいに仕上げるのは、コストがかかるからやめたほうがいい」と提案しました。それでも、「きれいに仕上げるように」と指示したスティーブに、部下が「誰が気にするというのですか?」と言ったところ、スティーブが「私が気にする!!」と答えたそうです。

彼にとっては、コストではなく、美意識の問題だったのです。iPodを開発したときもボタンを1つだけにすることに異常にこだわったそうですが、それも彼の美学のなせるわざです。

結果的に、世界中のアップルファンは、スティーブの生み出す製品の美しさに熱狂し、たくさんのお金を払ったわけです。

天才は、今の世界を相手に仕事はしていません。彼らは、何十年も先を見ています。

だから、自分が受け入れられるかどうかも考えないことが多いのです。死後、評価される天才たちは、つねに自分とだけ向き合っています。

あなたがどのレベルに行くのかは、才能の開発次第

それぞれのステージにどんなことが起きるのか、だいぶイメージが湧いてきたのではないかと思います。

私がいろんなタイプの人を観察してきて思うのは、途中で止まったり、後戻り

してしまう人が多いことです。

もう少しで次のステップに行ける人が、自分の感情にやられてしまって、後ずさりしていくのは、とてももったいないといつも思います。

このプロセスを歩んでいく途中で、「もうダメなのではないか」と感じたとき、そういう感情はつきものだという理解があるかどうかで、ずいぶんその後が違ってくると思います。

【立場別】自分の才能の生かし方

ここからは、それぞれの立場で才能を生かすにはどうしたらいいかを説明しましょう。

自分以外の立場の人たちの説明を読んでいくうちに、うらやましいという気持ちになるかもしれません。でも、どの立場にもメリット、デメリットがあります。「隣の芝生は青く見える」ということわざのとおりです。

他人はともかく、自分の立場をどう生かすかを考えながら読み進めてください。

①学生

あなたが学生なら、就職活動に巻き込まれる前に、自分の才能は何かを知っておくといいでしょう。

学生は、「自由に動ける」という特権を持っています。上手にやれば、大人から応援をもらえる立場です。私も、学生時代にお金をもらったり、ご馳走してもらったりしたことがあります。日本には、学生を応援してあげようという文化があります。その有利な立場をフルに生かして、人生のいろんなサンプルを見ていくことをおすすめします。学生なら、オフィスに遊びに行っても歓迎されます。

あなたがもうすでに就職活動中だとしたら、だいたいの方向性だけでもいいので、早急に自分の才能がどこにあるかをチェックしてみることをおすすめします。そして、その才能を上手に開花できそうな就職先を選ぶと、その後の人生の選択肢が広がります。何も考えずに就職先を決めてしまうと、転職するときに、もっと不利な条件で同じ作業をやらなくてはならない可能性があります。

時間の余裕がある学生のうちに、小さい頃から好きだったり、興味のある分野で活躍している人の講演会やパーティーに行ってみましょう。私は、学生時代からふだんの食費を削ってでも、高い会費のパーティーや勉強会に参加していました。そんな会に学生が来るのは珍しいので、とても目立ちます。

その人が有力者であるほど、「君、学生なの?」と声を掛けてくれます。声を掛けてくれなくても、きっかけをつくって、名前を覚えてもらいましょう。うまくいけば弟子入りみたいなことができるかもしれません。弟子入りといっても、住み込みでやる必要はありません。リサーチの助手が必要だったり、パーティーの手助けが必要だったりするときに、声を掛けてもらうようにお願いすればいいのです。

私は20代の前半には、いろんな著名人のところで鞄持ちをさせてもらいました。そのときに、彼らが人とどう付き合うのか、どう話を切り出すのかを観察させてもらいました。それが、その後とても役に立ちました。

②主婦

主婦の方は、主婦でありながら自分のライフワークを見つけて実践している人たちのインタビュー記事を探してみることから始めましょう。

主婦（あるいは主夫）の人は、フルタイムで働いている人に比べて時間があります。子供が何人いるかにもよりますが、小さい子が5人もいるとかでなければ、なんとか空き時間が見つけられるはずです。子供が1人の場合でも、「育児に追われて、時間を取るなんて難しい！」と思う人はいるでしょうが、面倒を見なければいけない子供があと4人いるよりは、時間は見つけられるのではないでしょうか。

主婦の人が自分の才能を輝かせていくときに一番の鍵になるのは、パートナーシップです。

子供をおいて主婦が外に出ることに、旦那さんが複雑な感情を持つからです。自分の稼ぎが不十分だと言われているようにも思うし、子供を大切にしていない感じもする。また、自分は嫌いなことをやっているのに、なんでおまえだけ好きなことをやるんだと、嫉妬にも似た感情が出てきます。そこで相手は、「俺は、積極的に反対はしないよ。でも、子供のことを考えたらさ、やっぱり家にいたほうがいいんじゃない？」というようなことを言ってくるわけです。

そういう意味で、最初の難関はパートナーだと言えるでしょう。

人生の意味はどこにあるのか、これからどう生きたいかを2人でとことん話し合う必要があります。限られたお金と時間とエネルギーをどう使うかということです。

旦那さんのほうが、「嫌いなことを我慢して生きるのが人生だ」と考えていると、「好きなことをやっていきたい」という奥さんが、わがままに見えます。

この世界には、「好きでもないことをやって生きている人」と「好きなことをやっている人」の2種類の人しかいません。そして、この両者の生き方の溝は大きなものがあります。夫婦のどちらかが好きなことをやって生きようと思うと、この深い溝が家庭にできることになります。

2人の愛がその間に橋をかけるぐらい強いものであれば何の心配もありませんが、そうでなければ、結婚生活も揺れることになります。

③フリーター、無職、引きこもりの人

今、あなたがフリーター、無職、引きこもりなどで家にいる場合、最初のうち

はあまりやる気が出てこないかもしれません。

なぜなら、これまでの人生のどこかの時点で、自分の才能を使うとか、得意なことをやって生きることをあきらめてしまった可能性があるからです。「自分には無理だ」と絶望してしまったといってもいいでしょう。

だから、社会とかかわることをやめてしまったのです。それと同時に、楽しく情熱的に生きるということもあきらめてしまった可能性があります。

その場合、今のライフスタイルに飽き飽きするか、「もうイヤだ！」となるまで、そこからは出られません。なぜなら、その状態でもやっていけてしまうからです。

これは、従業員として生きている人と同じです。お金がなくなって、生活に困るまで、その日暮らしの生き方から出られなくなっているわけです。

あなたしか、あなたの才能を見つけ、磨いてくれる人はいません。あなたが行動を起こさなければ、何も起きません。人によっては、今のライフスタイルを始めて数カ月、数年の時間が流れたかもしれません。

新しいことを始めるにも、エネルギーがいります。フリーターの人は、ちゃんとした仕事につくことに抵抗を感じているかもしれませんし、無職の人は、自分なんか雇ってもらえないんじゃないかと考えている可能性があります。

引きこもりを数年以上やっている人は、外に出ること自体も怖いと感じるかもしれません。これからどうするのかを考えることすら、億劫になっているでしょう。

そこから、「外に出てみよう」と思うまで、少し時間がかかるかもしれません。でも、時間はたっぷりあるので焦る必要はありません。

引きこもっていたり、漂流している時間は、エネルギーを貯めていると思えばいいのです。

実際に、何年か自分らしくない生き方を続けた後、堰を切ったように情熱全開で生きる人がいます。

それまでは、エネルギーを蓄積していてください。タイミングが来たときにエネルギーが解放され、新しいステージにあなたを連れて行くでしょう。

④会社員

あなたが会社員なら、学生、主婦、フリーター、無職、引きこもりの人の場合を見て、「ああ、いいなぁ」と思ったに違いありません。みんな自由があるし、好きな本を読める生活がうらやましいと考えたかもしれません。

会社員は、時間もお金も限られているし、自由がないから、「才能を開発するなんて無理だ！」と思ったかもしれません。でも、会社というのは、とても便利なところで、あなたの立ち回りようによっては、才能を開発させてくれるベストな環境が整備されています。

大きな会社には、すべての部門があります。経理、営業、開発など、いろんな部署があって、仕事内容もそれぞれダイナミックです。

定期的な配置換えがあるような会社にいると、数年の誤差はあっても、自分の才能が生かせるような場所にきっと行けます。今、自分の才能が何かわからなくても、ローテーションに乗って異動しているうちに、「これだ！」と思える仕事に出会えるでしょう。

ここまで読んできて、小さい企業に勤めている人は、「いいなぁ、大企業はいろんな部署があって。うちは零細企業だから、何もない……」と落ち込んだかもしれません。でも、小さい企業には、大企業にはないメリットがあります。それは、すべての部署を身近に体験できることです。自分がおもしろそうだと思った分野の仕事が、数メートルから数十メートルの範囲内に転がっているのです。

あなたがもし、探偵のように他部署でやっていることに興味を持ったとしたら、小さい企業は、すべてを学べるビジネススクールのようなものです。社長に直談判して、全部教えてもらいましょう。その代わりに、新しい事業や改善点を提案すると言えば、たいていの場合なんらかの便宜を図ってもらえるはずです。そういう意味で、小さい企業に勤めることは、将来独立を考えているならすごいメリットなのです。

ここまで読むと、今度は大企業の人が小さな企業に勤めている人のことをうらやましく感じるかもしれませんね。

⑤自営業

あなたが自営業をやっているとしたら、ここまで読んできて、従業員として仕事をしている人のことをうらやましいなぁと思ったはずです。

今自分がやっている仕事がそんなに好きでもない場合は特にそうでしょう。親の仕事を引き継いだ、たまたま独立したけど、そこまで惚れ込んだ仕事をしているわけでもない、そんな場合、すばらしい未来なんて、まったく見えてきません。小さな世界に閉じ込められたように感じているはずです。

でも、それぞれの立場にいい点、悪い点があります。

自営業のメリットは、今の仕事をやりながら、好きなことをやってもいいということです。それは、勤め人には許されない権限です。

とはいうものの、今の仕事をやりながらなので、なかなか難しいのも事実です。

まず、最初のステップは自分のやりたいことや興味のある分野で仕事をしている人たちに近づくことです。場合によっては、その人とビジネスをすることも可能でしょう。そうやって人間関係ができてくると、その仕事に関するいろんなことを教えてもらえるようになります。

自営業の有利な点は、やり方次第では、自分の大好きなことを本業にシフトしていくことが可能なことです。1カ月では変えられないかもしれませんが、徐々に力点を移していって、数年かけて自分の才能を磨き、それを中心にビジネスをつくっていくことは可能です。

ただ、本業を放ったらかして、関係ないことで自分探しを始めるのではなく、まずは本業と自分の才能との接点を探してみてください。

それには、人が喜んでくれて、なぜか知らないけれど売れている一番の売れ筋商品やサービスをまず徹底的に磨くところからスタートしてもいいと思います。いきなり新しいことをやるよりも、周辺からスタートしたほうが、いろんな意味でライフワークへのシフトがスムーズにできます。

どうしてもダメな場合には、商売替えも考える必要が出てきます。

⑥リタイアした人

リタイアした人は、時間も経済的余裕もある状態だと思います。将来に対する不安はあるかもしれませんが、これまでの経験は、本人が思っているより豊富にあります。そのために、自分では気づかなくても、すごい才能が手つかずの状態で放置されている可能性が大です。

ただ、本人がそれを才能と思っていないがゆえに、まずそれを自分の才能として自覚することが最初のステップになります。

リタイアした人はまず、自分の持っている才能を洗い出してみましょう。どれだけ才能を貯めてきたか、使ってきたかを確認するのです。

「そんなこと言われても、まったく才能らしきものはありません」と戸惑う人がほとんどでしょう。

でも、書き出していくと、何らかの才能がそこにあったことがわかります。まったく何の才能も使ってこなかった人はいません。十分に開発してこなかったということはあるかもしれません。

会社の事務だけをやってきたといっても、得意なことがあったはずです。また、物をつくる仕事、営業、配達などをやっているうちに、あなたには簡単にできて、他の人にはできないことが、1つや2つはきっとあります。

立場別に見てきて、どうでしたか？

あなたがどの立場にいたとしても、そこから才能を見つけて伸ばすことは可能です。今いる場所から、自分の才能を磨いていってください。

自分の応援団を持とう

あなたには、何人の応援団がいますか？

応援団は、あなたが何かをやろうとしたら、喜んで応援に駆けつけてくれる人のことです。

たとえば、あなたがお店を出したいということをフェイスブックで告知したとしましょう。すると、同じようなお店をやっている人を紹介してくれたりする人が現れます。実際にお店を出そうと本格的に話を詰めていったとしたら、「お金を出したいと申し出てくれる人」「まわりに告知してくれる人」「実際に作業を手伝ってくれる人」「お客さんを連れてきてくれる人」が出てきます。これが、あなたの応援団です。

そして、あなたが落ち込んだとき、じっと話を聞いてくれたり、アドバイスをしてくれる人です。

「自分には、そんな人は数人しかいない。いや、1人もいないかも」と落ち込んだ人もいるでしょう。でも、大丈夫。今から応援団を増やしていけばいいのです。

そのためには、あなたも、まわりの人のことをふだんから応援するような人物になる必要があります。

自分と同じ匂いがする仲間を見つける

応援団も大切ですが、自分と同じ道を進む仲間を見つけるのも、すごく大事です。

なぜなら、旅をするのに、一緒に冗談を言ったり、馬鹿話をしたり、愚痴をこぼし合ったりする連れがいたほうが、一人旅よりも100倍楽しいからです。

もちろん、時には1人で行かなければいけない道もあります。でも、しばらく先の宿で、親友たちと再会できるとなれば、それが励みになります。

仲間を探すには、自分と同じ匂いがする人をかぎ分けることです。パーティーに行って、「この人は自分と同じ種族だ！」と感じたら、すぐに話しかけてみましょう。

そうやって見つけた仲間は、生涯の友となります。私にも、そういう友人たちがいます。本を書く前からの知り合いで、家族ぐるみで付き合ってきました。みんなそれぞれの分野で有名になり、第一線で活躍しています。

「自分には仲間がいる」という感覚は、あなたを精神的にも社会的にも安定させます。

たとえば、自分の悪口を誰かが言ったら、「あいつはそういう人間じゃない」と、体を張って守ってくれる友人たちがいると思えるだけでも幸せです。そして、つらくなったり、落ち込んだときも、友人たちの顔を思い出すだけで、励みになります。

漫画の世界では、「トキワ荘」という安アパートに、後に有名になった漫画家たちが大勢住んでいたことがありました。それぞれがすごい天才なので、漫画を見せ合うと、お互いにびっくりして落ち込んだそうです。でも、それがいい刺激となって、ライバル心を燃やしては切磋琢磨し合ったので、彼らはみんな成功していきました。

友人の助けを借りて、ベビーステップを踏む

1人で才能を開花させようと思っても、なかなかできないのが人間です。しかし、人の力を借りることで、そのハードルを乗り越えることができます。

ギターをやっている人が、いきなり100人収容できる会場でコンサートをするのは、難しいでしょう。しかし、ホームコンサートをするなら、会場も押さえなくていいし、何のリスクもありません。それを一緒に企画して、告知をするといったことを友人に手伝ってもらえばいいのです。自分1人では、案内のメールを書くのに1週間かかるかもしれませんが、友人に助けてもらえば、1時間でできたりもします。

料理の才能をもっと伸ばしてみたいという人は、誰かの家でご馳走する会を企画してもらうといいでしょう。4人限定でご飯でおもてなしするという趣向の会ならば、すぐに人は集まると思います。

そうやって、最初のベビーステップを踏めばいいのです。いったん最初の壁を乗り越えたら、あとはスイスイいけるものです。

いったん、水車は回り出すと止まらない

私は、いったん才能を見つけてライフワークを生き始めると、あとは、自動的に物事が進むと思っています。

そういう意味では、「水車」に似ていると思います。うまく水面とかみ合わないときには、全然車輪は回りません。どれだけよくできているシステムだったとしても、ただの木の輪です。

ですが、いったん川の流れを水車が受けて回転し出すと、その流れは簡単には止まりません。

なぜなら、それは自然の膨大なエネルギーを受けているからです。

インスピレーションも同じように、あなたの内側から湧いてくる川の流れです。その渾々とあふれ出てくる力を原動力に使えば、あなたは、一生燃え尽きることなく、膨大なエネルギーを自由に使えるようになるのです。

エネルギー的にはそうですが、肉体的には疲れる作業もあるので、そのあたり

のバランスをとることは必要です。それさえ気をつければ、あとは自動的にすべてが回り出します。

インスピレーションベースですべてが動き出せば、オートパイロット（自動操縦）でも大丈夫なぐらい、いろんなことが自然に進んでいきます。

才能を発見する道とは？

才能を発見するプロセスは、あなたができる人生最大の宝探しゲームです。あなたの中に眠っている宝をどう掘り出していくかで、人生のワクワク度、豊かさが全然違うものになります。

才能は、ベストなタイミングで開くようにできています。

だから、今うまくいかなくても焦らないでください。

かといって、何もしないで待っていたら、向こうからやってくるというものでもありません。

直感を使って、行動してください。おもしろそうだと思ったことには、飛び込んでいってください。

試行錯誤の連続がしばらく続くでしょうが、きっと、「これだ！」というものに出会えます。

そこからは、今まで想像したこともないようなワクワクする人生が始まります。

そして、あなたさえ自分に許せば、最高の人生は、今ここから始まるのです。

あなたの人生が奇跡に満ちた素敵なものになりますように！

おわりに

本書を最後まで読んでくださって、ありがとうございます。

今、あなたは、どんな気分ですか？

「自分にも何か才能があるかもしれない」とちょっとドキドキしているようなら、あなたはもう、才能を見つける旅の一歩目を踏み出したことになります。

ひょっとしたら、本を読み進めるうちに、自分の才能が何かはっきりわかった人もいるかもしれません。中には、複数の才能が見つかって、これからの人生が変わってしまいそうな予感がしている人もいるでしょう。いずれにしても、あなたの人生の深い部分で、何かが動き出したことは間違いないと思います。

これまで私は、読者の方からたくさんのメールをいただいてきました。彼らの多くが、本を読んだ後、どう人生が変わったか報告をしてくれています。そのメールには、自分の才能がわかった、ライフワークを始めた、転職したなど、人生を変えていった様子が書かれています。どのメールにも素敵なストーリーが書かれていて、いつも読みながら深い感動を覚えます。

彼らは、みんな恐る恐る一歩を踏み出して、人生を変えています。何も考えずに飛び込める人なんて、なかなかいません。大作家の松本清張の話にもあったように、みんな不安の中、手探りで暗闇の中を進んでいるのです。だから、仲間の応援がありがたいし、メンターのひと言が救いになるのです。

あなたは決して、1人ではありません。この瞬間にも、「怖いけど、自分の才能を見つける旅に出よう！」と決めている人はいます。

自分の才能を使って生きるかどうかは、あなたの人生の幸せ、豊かさに大きく影響します。これから一生の間、ずっとワクワクしながらいくのか、つまらないなぁと思って生きるのか、あなたはどちらがいいですか？

それは、ワクワクの人生がいいですよね。

けれども、実際にそちらに行ける人は、統計的に見てごく少数です。それは、途中であきらめてしまう人が多いせいです。

自分の才能を見つける作業は、あなたにしかできません。両親、兄弟姉妹、夫婦、子供、親友も、あなたの代わりにやってくれるわけではありません。彼らは励ましてくれるかもしれませんが、最終的には、あなたが1人で行なわなければいけない孤独な作業なのです。

また、まわりに反対されている場合は、もっと厳しい道になります。

私は、34歳から作家としての道を歩み出しましたが、それまで自分に文章の才能があるなんて考えもしませんでした。今でもあまり才能があるとは思えないので、おこがましい限りですが、この10年間に何十冊も書いてきたことを考えれば、才能があると言ってもいいでしょう。

しかし、私のまわりで私に文章を書く才能があると気づいてくれた人は、一人もいませんでした。25年ぶりに高校の仲間と会うチャンスがあったので、私が作家になると思ったかどうか聞いてみました。すると、みんな「おまえが作家になるなんて信じられへんなぁ。おまえが作家やったら、オレも歌手になれるんちゃうかな？」と大笑いするぐらい、誰も想像していなかったようです。恩師もうなずいてビールを飲みながら笑っていましたので、同感だったのでしょう。才能が見えなかったという点では、私の家族や親戚も同じでした。

私が自分で才能を見つける努力をしなかったら、今でもその才能は、誰も知らないまま眠っていたかもしれません。今から思うと、ちょっとゾッとします。

私が作家活動を始めてから、直接会って聞いただけでも、数万人の人生が大きく変わっています。彼らは、私の本を読んだことで、転職、独立、結婚、離婚などを決めることができたと言います。私の講演やセミナー会場で出会って結婚したカップルも、数十組はいます。その結果生まれた何十人もの赤ちゃんは、私が作家にならなかったら、生まれてこなかったわけです。

私が育児セミリタイア中に、世田谷の砧公園でベビーカーを押しながら、「作家になろう！」と決めなければ、その人たちの人生は違ったものになったことでしょう。

あなたはたぶん、人ごととして聞いていると思いますが、あなたにも同じようなことが起きる可能性があることを伝えたくてこの話をしました。

あなたが24歳か、34歳か、44歳か、54歳か、64歳かわかりませんが、あなたの中にも、間違いなくまだまったく使われていない才能が眠っているのです。

そして、あなたが掘り出してくれるのを、今か、今かと待っているのです。

私は、お葬式に参列するたびに、火葬場で複雑な思いを持ちます。焼き場に棺が入るとき、「この人は、後悔のない人生を送ったのだろうか？」と気になります。そして、99％の人が、才能を持ったまま焼かれていってしまう切なさを私は強く感じます。

あなたは、このままの生き方を続けたとして、悔いは残りませんか？

これから、あなたには2つの選択肢があります。自分のハートの声を聞いて行動していく道とこれまでの道です。

これまでの道には、安定があります。けれども、安定にしがみついていると、人生が退屈なものになります。そして、退屈になると、人は、不平不満を言いがちです。

自由の道を選べば、そこには、たくさんの疑いと怖れ、不安が待っています。

危険があるんじゃないか、間違った道を選んだんじゃないか、失敗だったんじゃないかなどの疑いや不安を感じながら進むことになります。どちらがいい、悪いではありません。あなたが、どちらを選ぶのかということです。

つまるところ、人生は、安定か、自由かの選択肢で成り立っています。自由ばかり選ぶと、心が疲れて折れそうになるし、安定ばかりだと、退屈してしまいます。

そのバランスをどう取るのかが、あなたの人生の味を決めます。夫婦でこの味の濃さと苦さの好みは違います。奥さんのほうはリスクテーカーでも、旦那さんは安定が一番かもしれません。もちろん、逆の場合も多くあります。

それを夫婦で話し合って、時にはケンカし合って進むのが人生です。

残念ながら、「これが正解だ!」という人生はありません。

本書では、才能という切り口でお話ししてきましたが、1冊の中に語り尽くすには紙面が足りませんでした。そこで、次回作は、「あなたの才能をお金に換える」ことをテーマに進めていきます。お金と才能は大きなテーマですが、ここがすっきり腑に落ちると、もっと楽しく、才能を使う人生にシフトできるのではないかと思います。

私のライフワークは、「人が自分自身の本質を思い出す」ことのサポートです。自分の才能や生まれてきた目的を思い出すこと。精神的、感情的、ビジネス的、経済的側面のガイドをさせてもらうことに、私はこの上ない喜びを感じます。そして、人がみるみる自分を取り戻して、輝いていく様子を目の当たりにするとき、いつも鳥肌が立つような感動を覚えます。

長い研究と試行錯誤を重ねて、どんな人でも自分の才能を見つけられるように、6年前にサポートシステムをつくりました。それをライフワークスクールと名づけ、全国で開講してきました。ライフワークを実践している私の親しい友人たちが、本業のかたわら、週末にセミナーを通して才能やライフワークを見つけるお手伝いをしてくれています。

また、個人カウンセリングで才能を見つけるサポートをするライフワークカウンセラーを全国で育ててきました。

20年かけて研究してきたノウハウをあますことなく、わかりやすくお伝えしているので、タイミングが合えば、ぜひ参加してみてください。自分の才能を見つけられるだけでなく、きっと、素敵な仲間とも出会えると思います。

あなたの旅は、ここから始まります。
あなたの人生がすばらしいものになりますように。
あなたが人生の意味を見いだし、充実した毎日が送れますように。
そして、その道の過程で、たくさんの友情、愛情に恵まれますように。
あなたのすばらしい未来を信じて。

本田　健

参考文献

『本当に好きなことをして暮らしたい！』バーバラ・シェール著、永田浩子訳（VOICE、2013年）
『スティーブ・ジョブズ全発言――世界を動かした142の言葉』桑原晃弥著（PHPビジネス新書、2011年）
『転職は身をたすける！　好きなことを仕事にする方法』矢尾こと葉著（サンマーク出版、2010年）
『運命を変える才能の見つけ方 デュボワ・メソッド』フランソワ・デュボワ著（マガジンハウス、2010年）
『最高の自分の見つけ方 本当にやりたいことがわかるワークブック』中島孝志著（マガジンハウス、2009年）
『あなたの天職がわかる 最強の自己分析』梅田幸子著（中経出版、2009年）

『心に響くことだけをやりなさい!』ジャネット・アットウッド/クリス・アットウッド著、鶴田豊和/ユール洋子訳(フォレスト出版・2013年)
『あなたの天職がわかる16の性格』ポール・D・ティーガー/バーバラ・バロン著、栗木さつき訳(主婦の友社、2008年)
『才能を引き出すエレメントの法則』ケン・ロビンソン/ルー・アロニカ著、金森重樹/秋岡史訳(祥伝社、2009年)
『ダメなときほど、運はたまる』萩本欽一著(廣済堂新書、2011年)
『ソース』マイク・マクナマス著、ヒューイ陽子訳(VOICE、1999年)
『自分の秘密——才能を自分で見つける方法』北端康良著(経済界、2012年)
『自分の才能に気づく55の方法』中谷彰宏著(海竜社、2004年)
『イヤな仕事は絶対するな!』倉林秀光著(サンマーク出版、2002年)
『才能に気づく7つのステップ』中山和義著(フォレスト出版、2010年)
『今からでも間に合う大人のための才能開花術』ジュリア・キャメロン著、鈴木彩織訳(ソニーマガジンズ、2005年)
『天才! 成功する人々の法則』マルコム・グラッドウェル著、勝間和代訳(講談社、2009年)
『カール教授の好きなことで成功する天職との出逢い方』平野カール敦士著(ゴマブックス、2013年)

『DO WHAT YOU LOVE, THE MONEY WILL FOLLOW』Marsha Sinetar（ＤＥＬＬ、２０１１年）
『I DON'T KNOW WHAT I WANT, BUT I KNOW IT'S NOT THIS』Julie Jansen（Penguin Books、２００３年）
『TRUE WORK』Michael Toms/Justine Willis Toms（Harmony Books、１９９９年）
『Archetypes』Caroline Myss（Hay House、２０１３年）
『I COULD DO ANYTHING IF I ONLY KNEW WHAT IT WAS』Barbara Sher（ＤＥＬＬ、１９９５年）
『REFUSE to CHOOSE!』Barbara Sher（Rodale、２００７年）

【著者プロフィール】
本田　健（ほんだ・けん）
神戸生まれ。経営コンサルタント、投資家を経て、29歳で育児セミリタイヤ生活に入る。4年の育児生活中に作家になるビジョンを得て、執筆活動をスタートする。「お金と幸せ」「ライフワーク」「ワクワクする生き方」をテーマにした1000人規模の講演会、セミナーを全国で開催。そのユーモアあふれるセミナーには、世界中から受講生が駆けつけている。大人気のインターネットラジオ「本田健の人生相談〜 Dear Ken 〜」は2200万ダウンロードを記録。世界的なベストセラー作家とジョイントセミナーを企画、八ヶ岳で研修センターを運営するなど、自分がワクワクすることをつねに追いかけている。2014年からは、世界を舞台に講演、英語での本の執筆をスタートさせている。
著書は、『ユダヤ人大富豪の教え』『20代にしておきたい17のこと』『きっと、よくなる！』『大好きなことをやって生きよう！』『ワクワクすることが人生にお金をつれてくる！』など、累計発行部数700万部を突破している。

本田 健 公式サイト　http://www.aiueoffice.com/

自分の才能の見つけ方 ポケット版

2016年6月20日　　初版発行

著　者　本田　健
発行者　太田　宏
発行所　フォレスト出版株式会社
〒162-0824 東京都新宿区揚場町2-18　白宝ビル5F
電話　03 - 5229 - 5750（営業）
　　　03 - 5229 - 5757（編集）
URL　http://www.forestpub.co.jp

印刷・製本　中央精版印刷株式会社

ISBN978-4-89451-716-5　Printed in Japan

本書をお読みくださった皆様へ
「本田健の特別音声」を無料プレゼント！

本田 健さんから皆さんに、感謝を込めて――。
ここでしか手に入らない、貴重なプレゼントです。

「才能を開花させるために
必要な17のこと」(PDFファイル)

本書読者の方限定で、無料ダウンロードができます。
詳しくは、

http://www.forestpub.co.jp/saino17/

※無料プレゼントはWeb上で公開するものであり、CD・DVDなどをお送りするものではありません。